育英科技课程系列丛书

丛书主编 于会祥
丛书副主编 梁秋颖

综合科学 ①

李豆豆 张婷婷 李 佳 徐 娟 著

本书是"育英科技课程系列丛书"之一，它遵循中小学生认知水平和心理特点，采用项目式学习理念设计内容，依据《义务教育科学课程标准（2022年版）》编写。本书由9个综合项目组成，其研究主题涵盖自然科学、生命科学、地球与宇宙科学和工程技术等，问题情境选自热点事件、身边的现象、社会问题等，内容丰富多样，可以供不同需求、不同喜好的同学选择。每一个综合项目由大的主题贯穿，在活动中完成若干任务，最后形成一个较为系统的学习成果。同学们在学习过程中会经历科学的论证过程、科学探究过程或科学创作过程，相信他们会在这本书中体会到更多的学习乐趣！

本书可供五四制或六三制六年级第一学期学生"科学"学科学习的补充课程使用。

图书在版编目（CIP）数据

综合科学. 1 / 李豆豆等著. —北京：机械工业出版社，2024.5
（育英科技课程系列丛书 / 于会祥主编）
ISBN 978−7−111−75883−9

Ⅰ.①综⋯ Ⅱ.①李⋯ Ⅲ.①科学知识-中小学-教材 Ⅳ.①G634.71

中国国家版本馆CIP数据核字（2024）第104469号

机械工业出版社（北京市百万庄大街22号 邮政编码100037）
策划编辑：熊 铭　　　　　责任编辑：熊 铭 彭 婕
责任校对：张爱妮 李小宝　责任印制：张 博
北京联兴盛业印刷股份有限公司印刷
2024年6月第1版第1次印刷
184mm×260mm・8印张・124千字
标准书号：ISBN 978−7−111−75883−9
定价：39.00元

电话服务　　　　　　　　　网络服务
客服电话：010−88361066　　机 工 官 网：www.cmpbook.com
　　　　　010−88379833　　机 工 官 博：weibo.com/cmp1952
　　　　　010−68326294　　金 书 网：www.golden-book.com
封底无防伪标均为盗版　　　机工教育服务网：www.cmpedu.com

育英科技课程研究小组

组　　长　梁秋颖

副组长　鲁婷婷

成　　员（以姓氏拼音排序）

　　丁曼旎　李豆豆　李　佳　李玮琳　牛冬梅

　　强　荣　孙宇阳　徐　娟　薛　晖　野雪莲

　　詹　静　张　花　张婷婷　赵运华

丛书序

科学教育是关乎全局和未来的大事。回望历史，科学打开了人类进步的大门。如果没有科学，人类可能仍然行走在黑暗之中，整日忙于生计却仍难以果腹，更无法摆脱愚昧的枷锁。展望未来，新一轮科技革命和产业变革正在重构全球创新版图、重塑全球经济结构。科技进步不仅改变着我们所处的世界，也深刻影响着国家前途命运和人民生活福祉。中小学阶段是孩子成长的拔节孕穗期，也是树立科学信念、增强科学素养的关键时期，这一阶段对于深化拔尖创新人才早期培养、构建支撑科技自立自强的人才链具有重要意义。

如何做好科学教育，已经成为摆在每一所中小学学校面前的时代课题。2023年5月，教育部等十八部门联合印发了《关于加强新时代中小学科学教育工作的意见》，文件明确指出，推动中小学科学教育学校主阵地与社会大课堂有机衔接，提高学生科学素质，培育具备科学家潜质、愿意献身科学研究事业的青少年群体，培养社会主义建设者和接班人。

北京育英学校从西柏坡一路走来，在赓续红色基因的同时，将科学教育作为为党育人、为国育才的重要抓手，专门成立跨学科教研团队，汇集数学、物理、化学、生物学、劳动、历史、信息科技、科学等学科的优秀师资力量，持续推进科技课程建设，实施启发式、探究式教学，探索项目式、跨学科学习，成功走出了一条科学教育特色办学之路。2023年5月31日，习近平总书记在育英学校考察时指出，科学实验课是培养孩子们科学思维、探索未知兴趣和创新意识的有效方式。总书记希望同学们从小树立"科技创新、强国有我"的志向，当下勇当小科学家，未来争当大科学家，为实现我国高水平科技自立自强作贡献。

我曾经沿着总书记的足迹到育英学校调研，从学生农场到科学教室，从课程教学到校园文化，边走边看，边学边悟，深刻感受到科学教育在这里深深扎根、悄然开花的育人魅力。在育英学校，学生可以在农作物种植中学习科学，可以在过山车实验中探究科学，甚至在教学楼后面还专门设有一处名为"科技苑"的活动区，学生可以利用课余时间，通过声聚焦、比扭力等30余件科技互动室外实验装置体验科学……

在育英学校调研时，育英学校于会祥书记讲了一个发人深省的育人故事。十多年前，学校有一名学生，他从小就非常喜欢研究昆虫，立志成为中国的法布尔。然而，爱好昆虫的他却受到了个别教师的一些质疑，认为他不以学业为重，不务正业。学校为了更好地保护他的好奇心、探求欲，激励更多学生爱科学、学科学、用科学，专门为他建造了一间开展昆虫研究的实验室，并以他的名字来命名。学校的支持与鼓励极大地激发了他的科学热情，他率先成立了昆虫社团，并最终顺利考入了心仪的大学。如今，育英学校已经拥有100多个学生自主社团，其中42个是科技社团。科学的种子正在一批又一批的育英学子心中生根、发芽、开花、结果。

经过长期探索与实践，育英学校科学教育体系化建设取得了显著成效，科技课程设置、教学创新、资源开发、环境营建等浑然一体，"做中学""玩中学"蔚然成风。在此基础上，"育英科技课程系列丛书"应运而生。它绝不是一套浅尝辄止的资料汇编，而是一份凝结了师生智慧、历经实践检验的行动指南。它对于中小学学校在"双减"政策背景下如何做好科学教育加法具有重要的借鉴和指导意义。

"育英科技课程系列丛书"内容丰富，第一期共有9个分册，努力做到了课程与配套资源的互补，保证学生在课上和课下的学习都能得到全方位的支持。目前，育英学校将科技课程纳入课表，作为正式课程实施，面向每一名学生开展跨学科教学和实践育人活动，以师生行动助推科学教育不断完善和优化。

其中，《综合科学》有4个分册，重点关注学生怎么学，遵循"知—思—行—达"目标体系，以学生为主体，在内容和方法上培养学生的创新思维和创新能力。考虑到不同层次学生的学习需求，我们根据项目任务的难度和复杂程度对项目进行了分类，并依据解决每一个项目问题所用的思维方法确定主要的表现性任务，进阶地设计了不同级别的课程。在这一过程中，教师不仅是学习的指导者，还是学习过程的评估员。项目注重运用评价量规进行过程性评估和结果检测，以监督学生实实在在地开展综合性学习实践。

《科学研究指南》分册以科学研究的基本流程为内容，为学生进行自主探究提供帮助。整体框架以科学研究流程为基础，涵盖了提出问题、进行猜想与假设、制订计划与方案、收集与整理数据、分析与总结、得出结论、形成成果以及展示成果等环节。学生只需阅读全书并根据提示将思考记录下来，就能在不知不觉中完成一次完整的科学研究。

《综合科学 学生自主探究成果集》分册是在学生完成《综合科学》学习之后，以学生自主探究思考与实践所取得的成果为主要内容的30个作品集锦。

《初中数学建模》分册从初中数学内容出发，给出了15个数学模型案例，这些案例旨在培养学生运用数学语言描述实际问题，运用数学知识和信息技术手段分析和解决实际问题，从而激发学生数学学习和探究科学的内生动力，增强他们的科学创新能力。

《初中数学建模 学生自主探究成果集》分册是在学生完成《初中数学建模》学习之后，以学生自主探究思考与实践所取得的成果为主要内容的47个作品集锦。

《Python基础探究》分册由《Python基础探究 学习指南》和《Python基础探究 实践指南》组成，从学生的思维发展入手，引导学生去主动思考、构建逻辑、创新实践，让学生在自己的主动思考中获得学习成就。《Python基础探究 学习指南》以问题探究的方式引导学生带着疑问主动学习，在掌握基础知识的同时建立兴趣、厘清思维逻辑。《Python基础探究 实践指南》以项目实践的方式，引领学生带着知识和技术走进生活中的实际情境，探究使用计算机程序设计创造性地解决问题的方法。

"日出江花红胜火，春来江水绿如蓝。"科学教育的春天扑面而来，我们要抓住机遇、乘势而上，从育英学校的科技教育实践中汲取智慧、积蓄力量，因地制宜构建科技课程与资源体系，创新课堂教学方式，深入实施启发式、探究式、项目式学习，广泛开展丰富多彩的学生科技社团与兴趣小组活动，引导学生培养科学精神、增强科技自信自立、厚植家国情怀，编织当科学家的梦想，为中国式现代化提供有力的人才支撑。

中国教育科学研究院
曹培杰

前言

习近平总书记提出，要培养担当民族复兴大任的时代新人。如今，基础教育课程改革进入"素养"时代。所谓"素养"，是指学生应具备能够适应终身发展和社会发展需要的必备品格和关键能力。素养是课程的根本遵循，课程是素养的有效手段。

作为课程改革的主阵地，综合科学课程建设成为我们应对变化的有力武器。如果同学们不断地将注意力集中在同一门学科，不管这门学科是多么有趣，都会把人的思想禁锢在一个狭窄的领域之内。在综合科学课程的学习实践中，同学们可以体验从知识技能到素养的真实收获。

请同学们永葆对科学的好奇，坚持求真、质疑、开放、合作，敢于创造，在自己的生活中，结合兴趣特长，提出个性化的问题。以问题为导向，跨学科、跨学段地进行自主探索，采用观察、测量、实验、论证、推理、分析等研究方法，亲历研究过程，大胆提出并验证自己的假设，基于证据和逻辑获得新知，建立模型，实事求是，追求创新，勇于表达。

本书的项目1、项目2、项目3、项目4、项目5和项目6由李豆豆老师设计，侧重于科学探究、创意设计、社会调查；项目7由张婷婷老师设计，侧重于实验探究；项目8由李佳老师设计，侧重于工程实践；项目9由徐娟老师设计，侧重于劳动实践；全书由李豆豆老师统稿。

我们虽倾力领会项目式学习、表现性评价等要点，遴选、研磨、打造了9个项目，但必定与跨学科项目式学习的要求还有距离，希望项目设计团队提供的这些样本，能引发更多的学生和教师思考与探索实践。欢迎大家提出宝贵的建议！让我们一起为做好科学加法而努力！

目录

丛书序

前言

项目1　像科研人员一样"探究"　　　　　　1

项目2　核污水排海是"标准答案"吗　　　　19

项目3　什么是清除石油最有效的方法　　　　31

项目4　光影艺术展　　　　　　　　　　　　45

项目5　零碳校园大行动　　　　　　　　　　57

项目6　安全有趣的校园游乐场　　　　　　　71

项目7　给蘑菇一个"家"　　　　　　　　　85

项目8　打造电机玩具工厂　　　　　　　　　97

项目9　我是农场主　　　　　　　　　　　109

项目 1 像科研人员一样"探究"

> 走进情境，融入角色 >>>

科学，就是对自然界进行研究，几乎渗透在我们生活的每一件事中。科学的本质是科学探究，这既是一个主观创造的过程，也是一个基于客观观察和实验的过程。说起科研人员，我们经常会联想到穿着白色实验服在实验室工作的人。这其实是一种误解，科研人员存在于各个领域，他们具有同样的特点——都具备科学探究能力。如图 1-1 所示，为了寻求问题的答案，你也同样需要具备科学探究能力，这是我们形成科学素养的重要组成部分。

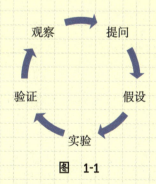

图 1-1

在此项目中，你需要迎接的挑战是：

你将经历科学探究的每一个步骤，学习如何通过实验法进行科学探究、寻求解释，最终完成一篇"鲜切花保鲜实验探究报告"来体现你的研究过程及学习成果。

表现性任务 >>>

⭐ **任务类型**

实验探究报告。

⭐ **涉及学科**

科学,数学,生物学,语文。

⭐ **任务复杂程度**

★

⭐ **科学素养特色培养**

提出问题,猜想与假设,设计实验方案,实施实验,分析证据,得出结论。

学习目标 >>>

⭐ **科学概念**

知道观察和实验是了解科学现象、测量有关数据的重要手段,是获得感性知识的源泉。它不仅是建立、发展和检验科学理论的实践基础,还是获得科学思维的有效途径。

科学探究包含科学观察、提出问题、做出假设、制订计划、收集证据、处理信息、得出结论、交流表达和反思评价九个方面。

⭐ **思维方法**

善于用类比的思维认识事物的特征,能够运用归纳推理解决真实情景中的简单问题。

能够抽象概括真实问题的模式与关系,比较全面地分析问题的各种影响因素及其相互作用。

⭐ **探究能力**

初步具有从事物的结构、功能、变化及相互关系等角度,提出问题和制订比较完整的探究计划的能力。

初步具有交流探究过程和结果的能力。

⭐ **态度责任**

对自然现象保持好奇心和探究热情,乐于观察、实验、实验探究报告写作等科学活动,并能在活动中克服困难,完成预定的任务。

实事求是,在实践中不断完善自己的观点。

任务1　日常观察与科学观察

活动1：观察与思考1

请观察图1-2中的井盖，并简述你观察到了什么？

图 1-2

● 有理有据，敢于表达 ●

我从以下几个方面进行了观察。

颜色：

材质：

形状：

活动2：观察与思考2

观察图1-3，你产生了什么新的思考？

图　1-3

• 有理有据，敢于表达 •

说一说日常观察与科学观察有什么区别，填写在图1-4中。

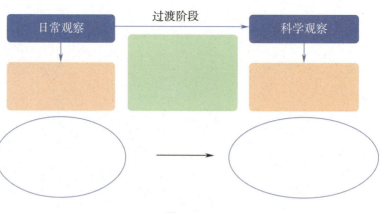

图　1-4

活动3：学生实验

（1）从图1-5所示的众多葵花籽中任意拿出一粒，仔细观察该葵花籽并记录其特征。

（2）在观察过程中，不要更换葵花籽或给葵花籽做标记。观察结束后，将这粒葵花籽放回葵花籽堆中。

（3）将所有葵花籽混合，根据观察记录找到观察过的那粒葵花籽。

图 1-5

（1）哪些观察到的特征最有助于你找到你观察过的那粒葵花籽，哪些观察到的特征对找到这粒葵花籽的帮助最小？

（2）将观察分类。

（3）说明本次实验中"细节观察"至关重要的原因。同时，推理出"观察"在科学中至关重要的原因。

任务2　如何做出假设

活动1：观察与思考

如图1-6所示，为什么铁轨下要铺满碎石？

图 1-6

> **有理有据，敢于表达**
>
> 碎石在其他场景下会被用来做什么？完成图1-7。
>
>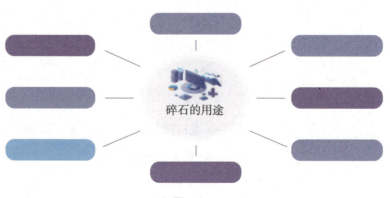
>
> 图 1-7

铺在铁轨下的碎石层,叫作道砟,它是常见的轨道道床结构。铁路施工员在铺设铁轨之前,会先在路基铺上一层碎石,并加以压实,最后铺上枕木及铁轨。使用道砟可以使排水容易并便于调校铁轨位置,同时由于道砟把列车及铁轨重量分散在路基上,因此能够降低列车经过时所带来的震动及噪声,从而提高乘客的乘坐舒适度。

活动2:案例学习

酱油会结"冰"吗

夏天天气很热,所以我想做一些冰棍解解暑。在制作冰棍时,我突然有了一个想法,是不是所有的液体都能做成"冰棍"呢?

我在厨房找到了水、醋和酱油,决定用它们进行实验。我将醋、水和酱油分别放到3个不同的纸杯里,然后将纸杯放进了冰箱冷冻室。30分钟后,我发现水和醋都微微结冰了,酱油却没有结冰的迹象。

这引起了我的好奇心,酱油到底会不会结冰呢?我决定继续做实验找答案。

1. 时间

我想是不是冷冻的时间短了呢?所以我决定等上一晚上。第二天早晨,我发现水和醋全都冻住了,但酱油还是没有一点结冰的迹象,看来不是时间的问题。

2. 成分

会不会是因为酱油和水、醋的成分不同而导致的呢?我找来醋瓶子和酱油瓶子,查看配料表。对比后发现,醋的主要成分是醋酸,而酱油的主要成分是盐。我猜测是盐使酱油不结冰的。于是,我用盐和柠檬汁分别制作了盐溶液和酸溶液,将它们也放进了冰箱冷冻室。但第二天早上我却发现盐溶液和酸溶液都结冰了,但酱油还是没有结冰。这是怎么回事呢?难道不是盐的缘故吗?

3. 含盐量

我仔细观察了盐溶液的结冰状况，发现它冻得并不结实，而且有一圈白色的物质。我突然想起了之前做过的饱和硫酸铜溶液结晶实验。我猜测是因为我制作的盐溶液含盐量没有酱油高，所以结冰了，而那一圈白色的物质，应该是在低温下析出的白色食盐晶体。于是，我重新制作了含盐量更高的盐溶液放进冰箱冷冻室。经过一天的冷冻，含盐量更高的盐溶液还是没有结冰。

4. 温度

含盐量更高的盐溶液真的就永远都不会结冰吗？我突然看到了冰箱显示板上的"温度"按钮，我觉得结冰可能跟温度有关系，我决定尝试把温度调低一些，看看盐溶液是否会结冰。

于是，我将冰箱的温度降到了-24℃。经过一天的时间，我发现含盐量更高的盐溶液和之前的酱油都结冰了。

通过实验我知道了，酱油是可以结冰的，只是它结冰的温度要比水和醋低一些，原因是它含有盐成分，盐的含量越高越不容易结冰。通过查阅相关网络资料，我发现这个原理，可以用来解释下雪后，为什么能用融雪剂来除冰除雪。

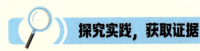
探究实践，获取证据

读案例之后，将关键信息填写到表1-1中，注意假设与实验方案的一一对应关系。

表 1-1

研究背景

（续）

提出问题

提出假设	实验方案	实验现象

实验结论

任务 3　如何设计控制变量实验

一次晚餐外婆做了炒豆芽，很好吃。这让我想起了豆豆老师在科学课上布置的作业，于是向妈妈提议要试试在家发豆芽。

首先，我们找来了绿豆、黄豆、红豆3种豆子，还有3个纸杯、1个纸盒和一些纯净水。我们在每个纸杯中分别放入1种豆子，每种20粒，并注入了刚好覆盖豆子的纯净水，如图1-8所示。随后，我们把它们同时放进了纸盒中遮蔽阳光。经过24小时的水培，绿豆顺利出芽顶破了外皮，黄豆萌出了小芽但没能顶破皮，红豆则没有任何变化。同时，我们观察到绿豆的水还很清澈，而黄豆和红豆的水变浑浊了，尤其红豆的水已经有腐烂的味道。在后续的几天中，绿豆持续生长，而黄豆始终也没能破皮，最终和红豆一起腐烂了。

图　1-8

我们将实验中的绿豆苗在暗盒中继续培养，3天后发现绿豆苗只长高、不变粗，已经快要顶出盒子了。我发现它们的2片豆瓣白白的，且只在底部，不往高了长，而2片小叶子一直在顶端，黄黄的。我把绿豆苗从暗盒中移到窗台边接受光照，过了3天，发现它们顶端黄色的叶子变成了绿色，底部的小白豆瓣却变得越来越枯萎了，原来白白的茎也变得有些发红。

（1）阅读文章中的现象，你能提出哪些问题？

（2）哪些问题可以通过实验解答？选择一个问题，将你的实验设计思路写下来。

控制变量法

控制变量法是科学研究常用的方法，通常是指在实验过程中，控制某些量不变，以便研究某一变量对实验结果的影响。在设计实验时，每次只可以改变一个因素，称为自变量；因变量是随自变量变化而变化；常量是整个实验中恒定不变的量。

★ 自变量

自变量一词来自数学，如在方程$y=3x+1$中，x就是自变量。自变量是实验中可改变的变量。

★ 因变量

如在方程$y=3x+1$中，y随x的变化而变化，y就是因变量。因变量是由于自变量的变化而引起变动的量。科学实验中的因变量最好用数据来表示。

★ 常量

常量是实验对比时要保持一致的量。如在方程$y=3x+1$中，1是不变的量，即为常量。当你选择了自变量后，你必须考虑其他可能的潜在变量，把它们变成常量。

请你围绕"发豆芽"的探究问题，运用控制变量法设计实验，并将相关信息填写在表1-2中。

表 1-2

研究问题				
科学假设				
自变量				
因变量				
常量				
对照组和实验组	对照组	实验组1	实验组2	实验组3

任务4　收集、统计数据

2022年年初，我在蘑菇养殖基地接触过蘑菇种植，经历了自制蘑菇养殖箱的实践。我很好奇，自制养殖箱中水分的不同，对蘑菇的生长有什么影响？

为了探究这一问题，我选择榆黄菇和灰平菇作为实验的研究对象，通过查阅、整理相关资料后形成了表1-3。

表 1-3

名称	栽培
榆黄菇	榆黄菇生长力强、出菇快、生长期短、产量高，既可段木栽培，也可袋料栽培，菌丝旺盛，生长活力强 菌丝生长发育温度范围为7~32℃，最适生长温度为23~27℃ 子实体形成温度为10~28℃，最适生长温度为15~25℃ 榆黄菇生长适宜的pH值为5~6.5
灰平菇	温度：平菇孢子形成和萌发的温度为15~30℃，最适宜温度为24~26℃ 水分：平菇对水分要求较高，当培养基质含水量为60%左右时对菌丝体生长有利 空气：平菇是好气型真菌。但在菌丝生长阶段对二氧化碳耐受力强，当空气中氧气充足时，有利于刺激菌丝生长

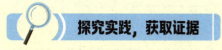

探究实践，获取证据

在"自制养殖箱中水分对蘑菇生长影响"的探究中，<u>我把两个自制养殖箱放在了阳台，并在自制养殖箱中分别种植了榆黄菇和灰平菇。我把它们分成两组：每天喷水2次的实验组和每天喷水1次的对照组，保持其他条件不变。</u>

请你将上述画线部分的文字以控制变量的方法转换成表1-4。

表 1-4

研究问题		
科学假设		
自变量		
常量		
因变量		
对照组和实验组	对照组	实验组

实验过程中,每天给蘑菇喷水、拍照,及时采摘、测量成了我的日常。从2022年10月16~22日,这短短一周的时间里,我详细记录了每朵榆黄菇的生长历程,见表1-5。我通过记录长、宽、高、质量等数据来进行对比观察。

表 1-5

菌包名字	每天喷水（次）	采摘日期和生长周期	长（cm）	宽（cm）	高（cm）	质量（g）
1组1号（对照组榆黄菇1号）	1	2022年10月22日 7天（10月16~22日）	9	9	9	119.3
1组2号（对照组榆黄菇2号）	1	2022年10月22日 7天（10月16~22日）	12	9	5	92.9
2组1号（实验组榆黄菇1号）	2	2022年10月22日 7天（10月16~22日）	11	9	10	128.5
2组2号（实验组榆黄菇2号）	2	2022年10月22日 7天（10月16~22日）	18	12	12	139.7

探究实践，获取证据

以表1-5中"质量"为例,请你将表格中的数据用统计图的方式呈现出来。

为了更好地分析每朵蘑菇的长势,我把菌伞的大小做了界定。直径超过4cm的菌伞称为"大菌伞",直径大于3cm且小于4cm的菌伞称为"中型菌伞",直径小于3cm的菌伞称为"小菌伞"。我通过观察灰平菇从2022年10月21~28日,这8天的生长情况收集到一些数据,见表1-6。

表 1-6

组号	每天喷水（次）	采摘日期和生长周期	质量（g）	菌伞（个）
1组1号（对照组灰平菇1号）	1	2022年10月28日 8天（10月21~28日）	165.8	大：8；中：6；小：2；共：16

(续)

组号	每天喷水（次）	采摘日期和生长周期	质量（g）	菌伞（个）
1组2号 （对照组灰平菇2号）	1	2022年10月28日 8天（10月21~28日）	156.2	大：7；中：8； 小：1；共：16
2组1号 （实验组灰平菇1号）	2	2022年10月28日 8天（10月21~28日）	223.5	大：8；中：8； 小：4；共：20
2组2号 （实验组灰平菇2号）	2	2022年10月28日 8天（10月21~28日）	255.5	大：8；中：14； 小：10；共：32

有理有据，敢于表达

（1）根据榆黄菇2022年10月16~22日质量数据的统计图，以及灰平菇2022年10月21~28日生长数据的统计表，我们可以描述不同水分条件下这两种蘑菇的生长情况。

我们对这些数据进行统计分析后，还要对它们进行评价。这些评价不仅整体反映了我们的实验过程是否严谨科学，也为我们实验结论的得出提供翔实的证据支持。在整个评价分析过程中，我们要用下列4个问题来审视自己的数据统计结果。

①我的数据真实地反映了什么情况？

②数据体现了自变量和因变量存在何种相关关系？

③数据能支持假设成立吗？（能/不能/部分支持）

④如果数据不能支持假设成立，是否需要引入更多数据？或者实验过程是否存在错误信息？

（2）自制养殖箱中水分的不同对蘑菇生长会产生怎样的影响？请你尝试得出结论。

任务5　撰写实验探究报告

知识链接

科研人员通过一系列有序的步骤对科学问题进行研究，将研究的成果应用于生活并产生实际意义。而为了让更多人了解其研究成果，科研人员通常要撰写研究报告。

实验探究报告作为研究报告的一种形式，我们在撰写时有两个重要原则：

①记录全部的探究过程。

②体现科学性、客观性、实证性。在撰写实验探究报告的每一部分时，自己作为探究者务必能回答以下问题。

★ 科学观察

我是有目的、有计划地进行观察吗？

★ 提出问题

关于这个问题我知道什么？

这个问题与我已知的信息有何冲突？

★ 做出假设

我的假设是什么？

这个假设的依据是什么？

这个假设是否可以用实验验证？

★ 设计实验方案

自变量是什么？因变量是什么？常量是什么？

对照组、实验组是什么？

需要收集哪些数据？是否可以量化？

实验方案是否得到教师或家人的认可？

★ 收集、统计数据

我是否已经设计好收集数据的表格？

选择哪种方式来呈现实验数据？

★ 得出结论

实验结果与我做出的假设一致吗？

如果实验结果与做出的假设不一致，可能是什么原因造成的？

> **试一试**　鲜切花很漂亮,但是不容易保存,有什么办法可以延长鲜花的保鲜时间呢?

同学们可以运用我教过的科学方法进行实验研究!

预期成果

实验探究报告样式

1. 背景信息

鲜花刚从花园中剪切下来时,看上去很健康,气味芳香。但过了一段时间,花朵会枯萎,花瓣也开始凋落,花茎底部会逐渐腐烂。

2. 问题

为了延长鲜切花的保鲜期,可以采取哪些措施?

3. 做出假设

略。

4. 实验器材

略。

5. 实验设计方案

(1) 研究可以延长鲜切花生命的方法,在研究过程中,还应当找到这些方法的科学依据。

(2) 基于研究,做出假设。该假设必须能通过实验进行验证。

(3) 设计实验方案来验证假设。实验方案中必须包含自变量、因变量,有时也需要有常量,需确定对照组和实验组。

(4) 制作数据收集表格。

(5) 实施实验,收集数据。

6. 实验分析和结论

（1）分析实验中自变量、因变量和常量之间存在什么关系。

（2）得出结论，基于实验数据，描述延长鲜切花生命的方法。

7. 实验反思

评价自己的实验，反思实验中是否可能引入其他变量来影响实验结果。

评价反思与改进优化

在本项目中，你完整地经历了科学观察、提出问题、做出假设、制订计划、收集数据、统计分析数据、得出结论等步骤。这就是实验探究的基本流程，恭喜你向成为科研人员又迈进了一步。在项目结束后，你需要运用上述方法和步骤进行鲜切花保鲜探究实验并撰写实验探究报告，实验探究报告中要体现你的探究流程与思考，请对照表1-7对自己学习的情况进行评分及反思，以便日后改进。

表 1-7

评价内容	评价标准	分值	评分
提出问题	能够根据观测的证据，提出有科学根据的、可探究的问题	5分	
猜想与假设	能够就探究问题提出一个合理的假设，并且这个假设与一个自变量的变化相关	5分	
设计实验方案	能够根据假设制定具体的实验程序或步骤以获取相关证据或数据；能够列举实验所用的工具、材料和观测内容	5分	
实施实验	能够按照既定计划实施探究；当遇到困难时可以随机应变，提出可行的新方案；能够通过不同渠道、多种方式收集数据	5分	
分析证据，得出结论	能够结合观测到的现象或数据和已知的现象或已有的数据对探究问题进行完整的解释，能够初步认识到现有结论的局限性	5分	
总分			
优化改进措施			
我在本项目中学到了			
有一些地方做得不好，我的遗憾			
如果重来一次，我想			

核污水排海是"标准答案"吗

走进情境，融入角色 >>>

北京时间 2023 年 8 月 24 日 12 时，日本福岛第一核电站第一次启动核污染水排海，如图 2-1 所示。日本核污水排海事件引起了多国政府和广大民众的高度关注。假如你是一名科学报刊记者，你需要客观调研事件始末，再运用科学知识写一篇时事评论文章。

图 2-1

在此项目中，你需要迎接的挑战是：

在时事评论文章中要有明确的观点，还要有证据支持，理性地表达自己对这一问题的看法。

表现性任务

1. 任务类型

论证分析报告。

2. 涉及学科

化学，生物学，地理，语文。

3. 任务复杂程度

★★★

4. 科学素养特色培养

比较与对比，建模，阐释数据与信息，构建基于证据的解释。

学习目标

1. 科学概念

知道物质由分子、原子、离子等微观粒子构成。
了解化学反应的本质是原子的重新组合。
了解可以通过分离和提纯的方法实现水的净化。

2. 思维方法

归纳物质的一般性质和组成特征，对物质进行分类，发展分类思维。
能够分清事实和观点，基于证据与逻辑，合理地阐述自己的观点，并进行论证。
具有书面表达能力，能够基于证据和事实合理地阐述自己的观点。

3. 探究能力

具有分析论证的能力，会根据实验分析、处理信息，基于证据得出合理的结论。
能够在教师的指导下设计实验方案，根据实验方案进行实验。

4. 态度责任

人类的活动对生态环境有重要影响，生物的生命安全与生存环境密切相关。
抱有积极的态度关注热点事件。
客观理性地看待事实及舆论。

项目2 | 核污水排海是"标准答案"吗

任务1　描述问题

活动1：事件回顾

日本福岛第一核电站核污水排海引发了国际社会的强烈讨论，那么这个事件是如何发生的？请你阅读以下资料了解事情经过。

北京时间2011年3月11日13:46，日本福岛县附近海域发生9.0级特大地震。3月12日地震造成福岛第一核电站1号机组爆炸。3月13日，日本有关部门确认，福岛第一核电站有放射性物质泄漏。随后，持续冷却堆芯等措施以及雨水、地下水流入反应堆设施，产生了大量核污染水，并不断增加。

2021年4月13日，日本政府正式宣布，将福岛第一核电站内百万吨核污染水经处理并经海水稀释后，于2023年春季前后启动排放入海，排放过程可能持续20~30年。

2022年2月应日本政府邀请，国际原子能机构调查小组抵达日本，验证东京电力公司福岛第一核电站处理水排放入海安全性。2022年7月22日，日本原子能规制委员会召开会议，正式批准了东京电力公司关于福岛第一核电站核污染水排海计划。

2023年8月22日，日本政府决定于8月24日正式启动福岛核污染水排海。

• 有理有据，敢于表达 •

用5W1H的方法梳理事件。

有理有据，敢于表达

What：这个问题是什么？

Why：你为什么觉得这是一个"问题"？它具体造成了哪些"痛点"？

Who：核污水排海事件引发的这个问题产生了什么影响？对环境直接产生了什么影响？对人民、对经济间接产生了什么影响？

When：这个问题是何时发生的？延续了多长时间？

Where：这个问题在哪里发生的？

How：这个问题是如何发生的？你能叙述大概的过程吗？

活动 2：概念辨析

面对国际社会的强烈质疑和反对，日本政府坚称所排污水为"处理后的核废水"，而绝大多数国家、国际组织都称其为"核污水"。那么，"核污水"和"核废水"的区别是什么？为什么日本政府要在名称上大做文章？

> **有理有据，敢于表达**

请大家搜集相关资料进行自主学习，了解什么是"核废水"，什么是"核污水"，这两个概念有什么区别。

任务2 "你"对日本核污水排海的态度

日本启动核污水排海之后，国际上出现了很多声音，有人一边倒支持，有人却强烈反对，并且各方各执一词，针锋相对，在媒体上引起了巨大的舆论。请你阅读多方的公开言论，从科学性出发分析这些观点。

有理有据，敢于表达

查找核污水排海的相关资料，并结合搜集到的相关资料写出支持核污水排海的国家或组织和反对核污水排海的国家或组织有哪些，理由是什么，填写在表2-1中。

表 2-1

支持方		反对方	
代表国家或组织	理由	代表国家或组织	理由

你认为支持方的理由有什么漏洞？你认为反对方还有哪些证据不足？

任务3 从实验的角度看核污水处理

活动1：自制污水

探究实践，获取证据

在校园里收集不同物质并将其混合，自制一瓶污水。请描述这瓶水在污染前的状态以及污染后发生了哪些变化，填写在表2-2中。

表 2-2

污染前	混入的物质	污染后

活动2：净水系统

设计、制作一个净水系统，并用来净化污水，测评净化效果。

探究实践，获取证据

（1）思考下列问题并画出净水系统的设计图。
①你的净水系统中，去除杂质的步骤是什么？
②你设计净水系统的科学依据是什么？

（2）你会选用哪些指标来评价净水系统的净化效果？请你把评价过程写在下面。

（1）污水中的任何物质都能根据其性质来去除吗？

（2）水中的放射性物质进入生物体后会发生什么？

任务 4　从多角度分析核污水排海事件

活动1：多角度论述排海问题

有理有据，敢于表达

（1）从海洋流动的角度分析，排入大海的放射性物质会怎样运动？

（2）从食物链的物质循环的角度分析，放射性物质在生物体内会产生什么影响？

（3）从放射性物质对生物体的影响的角度分析，放射性物质进入生物体内会产生什么后果？

活动2：撰写评论文章，发表你的观点

面对日本政府，如果你是一名记者，请你运用自己的学识对已有信息做出推断，并撰写评论文章。在文章中要有明确的观点，还要有证据支持，理性地表达自己对这一问题的看法。

需要回答什么是时评，什么是时评文。

时评是"时事评论"与"时政评论"的略称，可以取材于新闻报道，对新闻事件和人物发表评论，也可以就"身边"事、"心头"事发表意见，只要是关于当下的意见，就是"时评"。

时评文的文体特点主要是评论某个具体的事件或人物，分析它产生的原因，探究其性质和意义；或通过对材料的分析，澄清事实，说明真相，提出方法。注意：这是时评文区别于其他文体的显著特点，忽略这点非常容易写成议论文和叙述文等。

1. 时评文撰写步骤

第一步：先概括新闻事件。
第二步：选取最典型的立意角度。
第三步：引用新闻事件，进行论证。
第四步：重申论点，首尾呼应。

2. 具体参考方法、结构和步骤

（1）开头引述新闻事件，摘引或概述新闻内容。在概述时，要简明扼要，简单说明谁在什么时间、什么地点做了什么事情、结果如何。

（2）针对事件提出看法，透过现象看本质。确立中心论点时，要考虑到新闻事件适用的话题和一个最典型的立意角度。

（3）分析评论：从"为什么"的角度分析论证自己的观点。

①分析事件产生的原因，如经济原因、社会原因、政治原因、历史原因等。

②探究事件产生的意义（价值）或者危害（后果）。

③联系实际加以分析。例如，可以联系同类事件，显示其普遍性或特殊性；也可以联系自身或通过说古论今的方式联系他人；还可以联系同类事件不同地方、不同时间、不同人的不同做法。

3. 从"怎么做"的角度对问题的解决提出建设性的意见或提出呼吁

要注意客观分析，语言要中肯，表达要注意简洁而充分，紧扣主题，点到为止即可。

时评最注重对新闻时事的积累，只有在大量的积累下，引用同类话题时才能有更多的对比事例，从而使自己的观点更加切题。

预期成果

通过学习和了解核污水排海事件以及相关科学概念，相信你已经初步形成了自己的观点，请你撰写一篇时评文来表达你的观点。请把你写的文章打印出来粘贴在下面。

评价反思与改进优化

在本项目中，你了解了日本核污水排海事件的来龙去脉，并且知道了国际社会对此事件的态度。通过实验，你还证明了污水净化的有限性。最后，结合以上你所知道的信息撰写了一篇评论文章。请对照表2-3对自己学习的情况进行评分及反思，以便日后改进。

表 2-3

评价内容	评价标准	分值	评分
比较与对比	能够描述其他观点与主要观点之间的重要相似和不同之处；能够解释主要观点的原因	5分	
建模	能够使用完整的模型来描述现象，同时能够识别模型的局限性；能够通过模型收集一些数据来解释或支持自己的观点	5分	
阐释数据与信息	能够对数据和信息进行阐释得以精确地支撑主张；能够讨论一些数据用于阐释结果上的限制	5分	
构建基于证据的解释	基于证据，能够建立对于现象的解释，并将其与自己的观点联系起来	5分	
总分			
优化改进措施			
我在本项目中学到了			
有一些地方做得不好，我的遗憾			
如果重来一次，我想			

项目 3　什么是清除石油最有效的方法

走进情境，融入角色 >>>

海洋是地球上最广阔的水体的总称。地球上海洋总面积约为3.6亿平方千米，约占地球表面积的71%。然而，人类在向海洋资源索取日益增多的同时，也对海洋环境造成了很大的影响。石油能提供能源，大量的石油存在于地壳中，人类在海上采集石油时稍有不慎，就可能造成石油泄漏。历史上，海洋漏油事故层出不穷，每次漏油事故都会对海洋环境产生破坏，如图3-1所示。

图 3-1

在此项目中，你需要迎接的挑战是：

运用所学知识和实践经验制订一个石油泄漏治理方案，并用实验演示其方案的有效性。

表现性任务 >>>

1. 任务类型
实验探究报告。

2. 涉及学科
物理，化学，生物学。

3. 任务复杂程度
★★★★

4. 科学素养特色培养
定义问题，制定方案，执行方案，评估结果。

学习目标 >>>

1. 科学概念
油和水的性质由构成物质的微粒种类决定。
油水分层的现象是由于水分子和油分子结构差异大所导致的。
乳化剂是一种能够将油和水混合的物质。

2. 思维方法
模型建构思维：在油水混合问题中，从微观的角度运用粒子模型解释油水分层现象和乳化现象。

设计解决方案：由微观粒子迁移到宏观现象（生态层面），阐述人类可以选择的干涉对策。

3. 探究能力
构思与设计：针对海水中的清除油污问题，提出有创意的方案，并根据科学原理和限制条件进行筛选。

操作与实现：利用所给材料进行实验，并根据实际效果进行方案修改。

验证与优化：用自制的简单模型展示清除油污的科学原理。

4. 态度责任
探究兴趣：保持好奇心和探究热情，乐于探究与实践。

人地协调：热爱自然，具有保护环境、推动生态文明建设和可持续发展的责任感。

任务1　初探海上漏油现象

活动1：海洋漫谈

在1992年巴西里约热内卢召开的联合国环境与发展会议上,"世界海洋日"由加拿大首次提出,旨在赞颂全世界共同拥有的海洋,强调海洋与我们个人之间的联系,提高人们对海洋在日常生活中重要性的认识,并了解有助于保护海洋的重要方式。2008年12月5日,联合国大会通过决议,决定自2009年起,每年的6月8日设立为"世界海洋日"。虽然人类大多时间不在海洋上生活,但海洋依然至关重要。为什么海洋这么重要呢?

• 有理有据,敢于表达 •

请你用思维导图梳理海洋在各个领域的重要意义。

活动2：油水混合微观探析

石油及其产品在开采、炼制、贮运和使用过程中可能会发生泄漏、进入海洋环境而造成污染，无论是油轮失事，还是海上油田石油泄漏，每一次重大溢油事故对海洋造成的污染后果都是难以估量的。石油泄漏后会在海洋发生什么变化？会产生什么影响？我们运用图3-2所示材料模拟还原石油泄漏现象。

图 3-2

 探究实践，获取证据

（1）油与水混合后出现了什么现象？

（2）分别搅拌和加热油水混合物后，油和水的运动情况如何？

活动3：模型解释

用超轻黏土捏若干分子团模拟油分子和水分子，黄色黏土代表油分子，蓝色黏土代表水分子，以小组为单位演示油和水混合时的现象。

（1）当油与水的模拟分层稳定的时候，搅拌油水混合物，演示水分子与油分子运动情况。

（2）当油与水的模拟分层稳定的时候，加热油水混合物，演示不同温度（40℃、60℃、80℃、100℃）下水分子与油分子运动情况。

（3）通过刚才的演示，想一想，假如下面的水已经沸腾，油分子是否还能被继续加热？这个时候水分子是否能透过油层？

探究实践，获取证据

（1）当发生海上石油泄漏后，海洋会发生什么变化？这种变化会产生什么影响？

（2）石油钻井平台爆炸也会导致石油泄漏，试着描述一下产生的后果。

任务 2　　亲和力对比

活动 1：谁更圆

使用滴管向一个平面上的不同位置分别滴一滴油和一滴水,观察它们的形状,哪个显得更圆。

 探究实践,获取证据

根据观察到的现象,分别画出油滴和水滴的形状,并尝试用分子间作用力来解释这一现象。

知识链接

我们常常利用榫卯结构,即木材间的凹凸咬合来连接木材建造木屋,如图3-3所示。榫卯结构为木屋提供了一个稳定的架构。当分子或更小的微粒相遇时,它们之间能通过强烈的相互作用结合在一起。作用力越大,这种物质越稳定,反之,则越不稳定。

(部分内容选自鲁科版《高中化学　必修2》)

图 3-3

活动 2：亲和力大比拼

使用滴管向一个平面的不同位置分别滴一滴油加一滴水、两滴水、两滴油，并观察它们的形状有什么不同。

 探究实践，获取证据

用图文的形式把你观察到的现象画下来。

知识链接　　水分子之间通过相互作用力连接形成大的水分子团，当水分子团遇到与它结构相似的分子团时，会表现出接纳性，但是对与其结构差异大的分子团具有排斥性，表现出对这种分子团的排斥。水分子和油分子在分子结构上差异很大，因此水分子会优先跟它附近的水分子聚集，而对油分子表现出排斥作用。这就是水与油不仅不会相互融合，还会出现分层现象的原因，如图3-4所示。

图 3-4

活动 3：油水"混合"

思考·交流

如图3-5所示，当衣服上沾有油渍时，用水可以清洗掉吗？如果不可以的话，有什么办法可以清洗掉衣服上的油？

图 3-5

探究实践，获取证据

分别将洗手液滴在水滴、油滴和油水混合物上，观察、对比，记录看到的现象。

先完成表3-1，后回答问题。

表 3-1

	水滴	油滴	油水混合物
洗手液			

（1）洗手液分别与水滴和油滴混合后，发生溶解了吗？

（2）洗手液滴入油水混合物中后是否出现分层现象？最终双方是否会相互溶解？

知识链接

洗手液的主要成分是表面活性剂，其分子两端性质截然不同：如图3-6所示，一端是亲水基，能与水相互吸引；另一端是亲油基，能与油相互吸引，却被水排斥。亲油基吸引油污分子，并形成一个保护层，而亲水基则吸引水分子，这样水分子和油污分子就被洗手液分子连接起来了，油污和洗手液混合物在水中悬浮，然后被漂洗掉，这样手上的油污就被洗干净了。

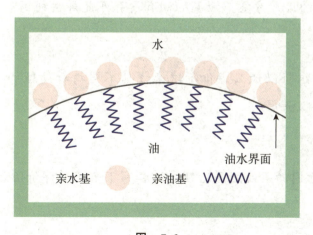

图 3-6

任务3　设计石油泄漏治理方案

活动1：寻找清理油污的材料和方法

根据所提供的材料设计实验，寻找清理油污的方法，通过实验找出最佳的材料和方法，并说明清理过程以及相应的结论。

材料：棉花，洗洁精，洗手液，洗衣液，纸巾，丝瓜络，滤纸，吸油纸，棉线，钢丝球，植物油，水，烧杯，搅拌棒。

有理有据，敢于表达

（1）依据以下问题进行实验方案设计。

①所给材料分别有什么作用？

②你觉得哪种材料吸油效果好？

③按照你的设计方案，泄漏的油有没有可能再被利用？

④你们小组将以什么评价标准来评估不同材料处理油污的能力？收集什么数据可以证明？

（2）将你们的石油泄漏治理的过程写下来，并评价治理效果。

活动2：总结与反思

> **有理有据，敢于表达**

（1）哪种方法清理油污的效果最好？

（2）哪些材料是使泄漏石油回收再利用的关键？为什么？

（3）如果发生大规模的漏油事件，你会怎样治理并回收泄漏的石油？具体步骤是什么？

（4）发散思考：如果用火直接点燃泄漏的石油是否可行？会产生什么影响？

预期成果

根据所学内容,做清除泄漏石油的最有效的方案设计。

清除泄漏石油的最有效的方案设计

第一部分:背景介绍

这是一个真实的事件,2010年发生在美国墨西哥湾密西西比河三角洲地带。英国石油公司的石油钻井平台发生了一起灾难性事故。一场爆炸和随之而来的大火夺去了11条生命。大火持续了2天,原油从钻井平台泄漏并漂浮在水面上。尽管最初官方估算的原油泄漏量很少,但后来发现,一个五层高的石油储存库向墨西哥湾泄漏了420万~500万桶原油。这些原油覆盖了大约75000km^2海面。更加不幸的是,原油泄漏发生在世界上生物多样性最丰富的区域之一。该区域有海鸥、鱼类、红海龟、秃头鹰、浣熊、臭鼬等。

(1)请你根据已知信息构建一个生态系统模型,模型中要包含哪些组成部分?这些组成部分间有什么关系?

(2)原油的泄漏会对这个生态系统模型带来哪些影响?

第二部分:泄漏石油治理实验方案

环境工程师提出了使用乳化剂、吸附剂和物理吸油三种方案,用来治理石油扩散。这些方案的效果各不相同,请你利用实验展示每种方案的利与弊,比较其治理效果,并完成表3-2。

表 3-2

	方案1：使用乳化剂	方案2：使用吸附剂	方案3：使用物理吸油
实验现象			
清油效果			
弊端			

（1）你认为哪种方案治理原油泄漏的效果最好？为什么？

（2）治理原油泄漏的方式可能对环境系统造成哪些次生危害？怎么解决？

评价反思与改进优化

在本项目中,你了解了真实海上石油泄漏事件,并根据不同物质的性质设计了治理方案,再根据实验进行了验证,最后确定了最优方案。请对照表3-3对自己学习的情况进行评分及反思,以便日后改进。

表 3-3

评价内容	评价标准	分值	评分
定义问题	能够在有限的相关问题背景信息的情况下,构建相对浅显的问题表述	5分	
制定方案	能够自主选择贴近问题情境的解决策略和方法;能够在给定评价标准的情况下,对方案进行整体"印象"的判断	5分	
执行方案	能够按计划推进方案的执行,但是实验效果可能不理想,只能满足方案提出的部分要求	5分	
评估结果	能够基于一定的评价维度,来评估问题解决的情况,并且能够展示对于改进的思考	5分	
总分			
优化改进措施			
我在本项目中学到了			
有一些地方做得不好,我的遗憾			
如果重来一次,我想			

项目 4　光影艺术展

走进情境，融入角色 >>>

光是人类了解物体性质的重要来源，每天我们会利用颜色、亮度、影子等信息来探索周围发生的现象。科学家在了解光是如何传播的基础上，发展了光的物理模型，从而对光有了更科学的认识；艺术家利用光的颜色创作出了令人惊叹的作品，为我们带来了美的感受。人们对光的利用无处不在，从而创造了色彩缤纷的世界。为了更加充分地认识光、欣赏光、利用光，学校发起以"光之画"为主题的新年展品征集活动，如图 4-1 所示，优秀作品将在元旦当天展出。

图 4-1

在此项目中，你需要迎接的挑战是：

运用光的相关科学原理创作一个光影艺术品，通过这个艺术品来演绎一句新年寄语。

表现性任务 >>>

1 任务类型

视觉产品设计。

2 涉及学科

物理,数学,美术。

3 任务复杂程度

★★★

4 科学素养特色培养

团队分工,规则,团队效能,联结创造。

学习目标 >>>

1 科学概念

当白光从空气斜射入玻璃再斜射入空气的过程中,由于光的波动性,每种不同的色光会以不同的角度发生弯折。由于不同色光的弯折角度不一样,导致白光被分解成各种色光并形成了光谱。

红、绿、蓝被称为色光的三原色。

2 思维方法

运用模型解释光的色散现象。

根据一定的目的,运用已知信息,创造性地表达光的色散现象。

3 探究能力

观察红、绿、蓝三束光在白墙上重叠部分的颜色,了解它们按不同比例混合后可形成丰富的颜色。

运用合成色、互补色等概念设计、制作一个创意视觉模型。

了解色光、色光的混合在艺术领域中的应用。

4 态度责任

对光的色散现象保持好奇心和探究兴趣,乐于探究与实践。

任务1 对项目任务的进一步明确

活动1：解构任务

"用光作画演绎新年寄语"这个任务是一个集科学、艺术、文学于一体的综合性任务。在现实生活中，我们将这种集"场地+材料+情感"于一体的艺术形式称为装置艺术。简单来说，就是艺术家把日常生活中的物体进行艺术性选择、利用、改造、组合，并赋予其价值和观念，这些被重新组合的物体能够展示并传达出个体或群体的精神文化内涵。

（1）在本项目中，我们要创作一个有主题的光影艺术品，作品标准如下：

①作品的颜色是由光形成的。

②光线的组合要形成一个完整的画面。

③画面能够演绎创作者想要传递给大众的新年寄语。

（2）我们可以使用但不限于以下材料：二向色亚克力片、白板、有颜色的透明膜等，如图4-2所示。

图 4-2

（3）可供选择的新年寄语有：

①奋力穿过缝隙的痕迹，那是光的模样。

②追光的人身披万丈光芒。

③有阳光的地方就会有阴影，所以有阴影的地方就一定会有阳光。

④我们都可以看见光、追随光、成为光、散发光。

⑤光终究会洒在你身上，你也会灿烂一场。

⑥就算是星星碎掉，溢出来的光也很好看。

⑦我们不一样，努力会让每个人发不同的光。

⑧当一个人踮起脚尖靠近太阳的时候，全世界都挡不住他的光。

⑨当一束光到来之时，世界便拥有了颜色。

⑩阳光来了，世界都灿烂起来了。

有理有据，敢于表达

拿到具体任务后，你可以使用如图4-3所示"解构工具"进行任务分析。

（1）目标

在这个项目中：

①你的任务是_____。

②你的目标是_____。

③你可能会遇到的困难和挑战是_____。

④你需要运用的科学原理与_____有关。

（2）角色

①你是_____。

②你的工作是_____。

（3）对象

你要向_____展示。

（4）情境

你的挑战包括_____。

图 4-3

活动 2：光的颜色

牛顿曾将一束太阳光通过三棱镜，发现太阳光会分散成很多不同的颜色的光。这一实验就是经典的"光的色散"实验。现在，请你选择如图4-4所示的材料，像牛顿一样进行"光的色散"实验，并将你观察到的现象记录下来。

图 4-4

 探究实践，获取证据

"光的色散"实验

（1）你选择的材料：

（2）你的操作要领：

（3）你看到的现象：

> **知识链接**
>
> 牛顿认为，由于光的粒子与三棱镜中的某些不均匀的物质发生了相互作用而产生了光谱，如图4-5所示。为了检验这个假设，牛顿把从一块三棱镜中得到的光谱引导到了第二块三棱镜上。他推论认为，如果光谱是由三棱镜中的不均匀因素引起的，那么第二块三棱镜将使光谱得到进一步扩展，否则光谱经过第二块三棱镜时，将会逆转，即各种色光将重新组合成白光。经过多次实验，牛顿得出结论认为，白光是由彩色光组成的，三棱镜中的某种性质（并非不均匀性）使得白光分解成各种色光。

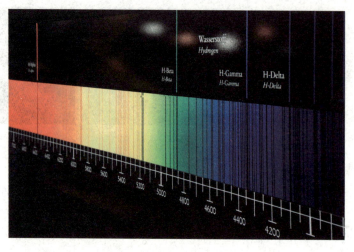

图 4-5

任务2　获得颜色

活动1：合成法获得颜色

红、橙、黄、绿、蓝、靛、紫七种色光可以以不同的方式重新组合为白光，那么把不同色光按照不同组合混合，又会出现什么现象呢？请你参照图4-6所示材料，用自然光照射到这些材料上开展实验，将自然光照射到不同颜色的材料组合后得到的现象记录下来。

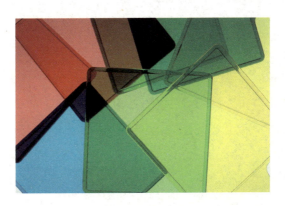

图 4-6

探究实践,获取证据

将七种颜色的光两两组合一共有多少种颜色组合?三三组合呢?四四组合呢……将实验现象记录在表4-1中。

表 4-1

颜色组合	新获得的颜色	颜色组合	新获得的颜色

知识链接

当把红、绿、蓝三种色光按适当的比例一起投射到白屏上时,屏幕中三种颜色的重叠区将显示为白色。也就是说,红光、绿光和蓝光混合可以产生白光,如图4-7所示。因此,我们称红光、绿光和蓝光为原色光。红光和绿光混合可产生黄光;红光和蓝光混合可产生品红光;蓝光和绿光混合可产生青光,故黄色、品红色、青色被称为合成色。

图 4-7

黄光由红光和绿光合成,如果把黄光和蓝光以适当比例一起投射到白色屏幕上,屏幕将呈现白色。如果两种色光混合形成白光,那么这两种色光称为互补色。同理,品红色和绿色为互补色,青色和红色为互补色。

活动 2:减色法获得颜色

分别隔着不同颜色的透明膜观察一幅彩色的画,如图4-8所示,观察画在不同透明膜下的颜色有什么变化?

图 4-8

• **有理有据，敢于表达** •

彩色的画在不同颜色的透明膜下为什么颜色会发生变化？

我们知道，物体既能反射光，也能透过光，实际上，物体还能吸收光。一般来说，一个物体无论是由于其自然属性，还是人工染色，都会显示出颜色。但是物体所呈现出来的颜色受多种因素影响，比如照射物体的光，或者物体吸收和反射的光。颜料是一种能吸收色光的物质，当白光遇到颜料时，其中一部分色光将被吸收，其余的色光将会被反射回去。反射回来的色光就是我们眼睛看到的颜色。比如，红色的颜料之所以看上去是红色的，是因为红色颜料把红光反射到眼睛里，而其他光被吸收了的缘故。黄色颜料吸收蓝光，反射红光和绿光。

• **有理有据，敢于表达** •

（1）彩色打印机的墨粉有哪些颜色？

（2）电视、计算机、手机屏幕上丰富多彩的画面是由哪些色光混合而成的？

> **有理有据，敢于表达**
>
> (3) 人的眼睛为什么可以感知不同的颜色？
>
> (4) 大多数植物为什么是绿色的？
>
> (5) 天空为什么是蓝色的？

预期成果

根据所学内容，做一个光影艺术品创作方案。

光影艺术品创作方案

1. 策划一个光影艺术品，需要团队合作。

团队角色分工填写在表4-2中。

表 4-2

角色1	角色2	角色3	角色4
设计师			
主要职责	主要职责	主要职责	主要职责
设计艺术品图案			
姓名	姓名	姓名	姓名
李豆豆			

2. 新年寄语

（1）你们团队选择演绎第48页中的哪一句新年寄语？也可以自己创作新年寄语。

（2）识文想画：将新年寄语描述成一个画面。

3. 作品的整体设计

（1）制作记录（提交3~5张创作过程图片）。

（2）将改进记录填写在表4-3中。

表 4-3

第一次迭代	
原因	
改进策略	
效果	
第二次迭代	
原因	
改进策略	
效果	
第三次迭代	
原因	
改进策略	
效果	

评价反思与改进优化

在本项目中，你学习了光的色散、光沿直线传播等相关原理，并运用光的分解与合成呈现出更多漂亮的颜色。最后，我们利用光的特性设计了一幅视觉作品——光影艺术品。请对照表4-4对自己学习的情况进行评分及反思，以便日后改进。

表 4-4

评价内容	评价标准	分值	评分
团队分工	能够结合团队任务的要求，制定个人在团队中的目标；能够识别团队成员的角色；在团队成员的提醒下，能够明确角色职责；能够完成被分配的任务	5分	
规则	能够解释规则如何支持高效合作的实现；能够服从约定俗成的规则	5分	
团队效能	能够向团队成员表达自己的意见和想法；能够交付与任务相关的作品	5分	
联结创造	能够发现艺术作品和科学的关联	5分	
总分			
改进优化措施			
我在本项目中学到了			
有一些地方做得不好，我的遗憾			
如果重来一次，我想			

项目 5 零碳校园大行动

走进情境，融入角色 >>>

大自然是我们赖以生存的家园，自早期地球生物圈形成以来，生物逐渐适应了它所栖息的环境，不间断地从环境中摄入和排出物质和能量。可以说，环境给生物提供必需的生存条件，生物又能给环境施加影响，归纳为一句话就是生物与环境密切相关又相互作用。自工业化时代以来，人类活动对生态环境带来巨大的负面影响，如果这种影响不能得到遏制，生态环境将受到不可逆转的伤害。因此，假如你是生态保护组织的一员，为了将"可持续发展"的理念贯彻到每一个角落，如图 5-1 所示，你将围绕身边的生活场景进行节能减排情况的调查工作，最终形成一个低碳建议报告或低碳行动纪实。

图 5-1

在此项目中，你需要迎接的挑战是：

选择一个生活场景进行碳排放情况调查，收集数据和信息对碳排放情况进行具体的分析说明，针对二氧化碳高排放、高耗能的现象写一份合理、切实可行的建议报告。

表现性任务 >>>

1 任务类型
科学建议报告。

2 涉及学科
生物学，数学，语文。

3 任务复杂程度
★★★

4 科学素养特色培养
综合多种原始资料、提出问题、策划及进行调查、阐释数据以提出有效建议。

学习目标 >>>

1 科学概念
通过科学实践，围绕二氧化碳这一核心物质的排放和吸收，能够以整体和系统的思维方式来认识生物与环境的相互关系，知道自然界靠绿色植物的光合作用来维持碳氧平衡，如果绿色植物遭到破坏，碳氧平衡就会发生改变，从而理解跨学科概念"系统"与"平衡"。

2 研究方法
通过科学实践，在游戏化中自主学习关于"碳中和"的相关知识，并经历从确定选题到制订研究计划到起草解决方案、分工推进，再到终期复盘多个环节，重点掌握科学调查的一般流程。

3 探究能力
在科学实践中，培养团队协作力、自主学习力、科学调查的能力。

4 态度责任
通过分析人类活动对生态环境正面与负面影响的实例，培养热爱自然，敬畏自然的情感。
培养节约资源、保护环境和可持续发展的责任感。

任务1 小岛拓荒

活动1：模拟荒岛建设

在我国南部有一座荒岛，那里地理位置优越，风光秀丽，矿产资源、海洋资源丰富，但是人迹罕至，无人问津。假如你受派遣，前往小岛开展建设，意图将小岛打造成我国的"绿色明珠"。对于从无到有的工程，你需要大量的人力、物力、财力。现在国家给你拨款5亿元，希望你先把小岛建设起来，你需要修建基础设施，招商引资，发展小岛的经济。你要在小岛上修建表5-1中项目。

表 5-1

项目	类别	成本（万元）	盈利（元/天）	碳排放量（kg/天）	规模翻倍—碳排增长
修路	基础设施	500	无	无	无
居民楼	基础设施	1000	无	5500	规模×2—碳排×3
商店	商业	600	5000	5000	规模×2—碳排×4
码头	交通运输	3000	无	2000	规模×2—碳排×8
公交站	交通运输	3000	无	8000	规模×2—碳排×8
办公楼	商业	500	3000	5000	规模×2—碳排×6
农场	农业	300	8000	6000	规模×2—碳排×7
钢铁厂	制造业	2000	10000	20000	规模×2—碳排×12
火力发电站	电力行业	6000	无	21000	规模×2—碳排×16
纺织厂	制造业	1500	6000	18000	规模×2—碳排×8
陶瓷厂	制造业	2000	8000	20000	规模×2—碳排×10
公园	休闲	5000	无	-30000	规模×2—碳排×10

• **有理有据，敢于表达** •

请你画出小岛的规划设计图，并计算建设后，每月你盈利多少？你的碳排放量达到多少？

活动2：如果二氧化碳被"看见"

 **探究实践，获取证据**

用黑豆大小的超轻黏土代表二氧化碳，一颗代表100kg碳排放量，请你在小岛规划设计图的相应建筑设施上放置一个月的二氧化碳排放量。这些二氧化碳会给我们的居住环境带来什么影响，如果小岛一直这样开发下去，居民的生活将会发生什么变化？完成表5-2。

表 5-2

过量二氧化碳给环境带来什么影响	小岛居民的生活会发生什么变化

活动3：文献阅读，辩证思考

资料1：很多人谈"碳"色变，将碳排放理解为负面的，视二氧化碳为一种威胁和灾难。实际上，"碳"是万物生长的能量之源，碳排放和碳吸收是一个能量代谢及循环过程。比如，我们喜欢的大树，白天通过光合作用吸收二氧化碳，到了晚上则通过呼吸作用排放二氧化碳。二氧化碳是植物光合作用的原料，"碳氧循环"是生物赖以生存的必要过程。

资料2：有关资料显示，在全球气温升高1.5℃的情况下，世界中纬度地区的极端高温将比目前的高温增加3℃，北极在21世纪就可能出现夏季无冰的情形，现存70%~80%的珊瑚礁也将消失。如果这些数字对于我们而言并不敏感，那么有气候与数据科学家提出的一个简单例子或许更加直观，如果气温上升3℃，上海和迈阿密等沿海城市将会被淹没，但这并不是唯一一个会因海平面上升而面临消失风险的沿海城市。而导致全球气温升高的始作俑者便是以二氧化碳为首的温室气体。

思考

阅读以上资料，回答下列问题。

（1）"二氧化碳"是有害气体吗？

（2）解决小岛经济发展和保护生态环境之间矛盾的关键问题是什么？

（3）作为小岛建设的负责人，你将采取什么措施改善当前的现状？

知识链接

"碳中和"是指一段时间内，特定组织或整个社会活动产生的二氧化碳，通过植树造林、海洋吸收、工程封存等自然、人为手段被吸收和抵消掉，实现人类活动二氧化碳相对"零排放"，如图5-2所示。

图 5-2

任务 2　小岛转型

活动 1：了解低碳技术

 探究实践，获取证据

你带领岛上居民实现了经济的快速发展，得到了大家的肯定，但同时你们所付出的环境代价也很大，短短10年时间，你们经历了台风、暴雨，经济损失严重，居民生活质量下降，为此，你必须制订应对方案，改造小岛当前的恶劣环境。你作为小岛上的第一代居民，需要前往"博鳌近零碳示范区"学习了解当前先进的低碳技术，填写表5-3。

表　5-3

有哪些低碳技术	学习笔记

综合科学 ①

> **方法指导**
>
> 学习笔记不是将原资料照搬誊抄，而是要进行结构化整理。什么是结构化整理，就是在阅读资料之前自己要清楚——聚焦哪些问题，收集哪些关键信息，再将这些问题和关键信息浓缩成一句核心的表达。如果核心表达分为不同维度，可以用①②③表示。

活动2：打造"绿色明珠"

有理有据，敢于表达

此次学习之旅之后，相信你已经对小岛的环境改造有些思路了，你可以选择减少排放或节约能源两条路径来重新规划，从而改造小岛来满足岛内居民的衣食住行，填写表5-4。

表 5-4

基础设施	升级前	升级后
农场	牛群的排气和排泄物中含有100多种污染气体；牛群在消化或反刍过程中产生大量的甲烷，这种气体暖化地球的速度是二氧化碳的20倍	
居民楼	水电路老化严重，经常漏水漏电，缺少公共烟道，做饭的油烟直排屋外，环境问题极为严重	
办公楼	楼面建筑使用大量红砖，它结实耐用且防火性能好，但红砖烧制过程会产生不少的二氧化碳，带来的影响不容小觑	
火力发电站	发电过程中消耗大量煤炭和淡水，同时燃烧产生的废气和固体废物影响居民的生活环境	
交通	燃油汽车尾气排放给小岛环境带来了严重的负担，雾霾、沙尘天气频繁出现，岛内居民很久没有看到蓝天了	
商店	商店的电器老化费电，货物纸箱堆积无人回收，塑料袋使用无限制且无法自然降解，导致碳排量较高	

任务 3　　低碳行动

通过小岛建设和小岛转型两项任务，相信大家已经知道"碳中和"的概念和意义，也深刻体会到了"绿水青山就是金山银山"的含义。现在我们将视角由游戏中"小岛"转移到现实生活中，我们身边是否存在二氧化碳高排放、资源浪费现象呢？我们如何做可以减少这种现象发生呢？

活动 1：问题风暴，制作海报

请围绕身边的二氧化碳高排放或资源浪费现象进行问题风暴，并用便笺纸记录，一个便笺纸记录一个问题。再选择其中一个问题进行深入调查研究，然后运用"5W1H"的方法进一步明确问题。

• 有理有据，敢于表达 •

我发现：

研究方向（问题）：

明确问题（What/Who/When/Where/Why/How）：

 **资料卡片**

研究方向参考

（1）资源循环回收类：设计方案，对身边可循环利用的废旧物品进行合理回收。

（2）设施条件改造类：为教学楼、食堂、图书馆、住宅等建筑物提出改造建议，或为构建低碳室内环境建言献策。

（3）日常环保节能类：为校园生活提供绿色低碳小妙招。

（4）零碳意识调动类：设计方案，提升校园全体师生、员工的绿色低碳意识，调动他们的主观能动性，使其在工作、学习中践行零碳理念。

活动2：调查研究

调查法是通过考察，了解客观情况、直接获取有关材料，并对这些材料进行分析的研究方法。通过调查，我们可以知道关于"研究方向（问题）"的具体信息，这些信息可以帮助我们更好地提出建议和解决方案。通常可以通过访谈、问卷、实地考察等方式来收集信息。

> **有理有据，敢于表达**
>
> 不管运用哪种方法，都需要事先制订调查计划，包括调查目的、调查对象、调查方法、调查内容、小组分工等。请根据自己的研究方向（问题）制订调查计划，完成表5-5。

• **有理有据，敢于表达** •

表 5-5

调查目的	
调查对象	
调查方法	
调查内容	
小组分工	

活动3：分析数据，提出建议

通过调查我们会获得很多信息或数据，它们都是我们提出建议的依据。所以，分析数据对于提出一个好的建议来说起着至关重要的作用。统计分析法是运用数据对世界进行描述和解释的科学方法。

统计分析法分为推断性统计法和描述性统计法。推断性统计法主要对总体进行抽样，并分析该样本从而对总体做描述和判断，例如，"随机抓一把彩虹糖，数出红色个数来推测整袋红色彩虹糖的数量"就是运用了推断性统计法。描述性统计法是指获得所有数据并分析它从而得到一些描述性结果，例如，"一个班期中考试的平均分数为80分"就是在使用描述性统计法。描述性统计法常用统计表、条形图、折线图、扇形图等可视化图表来帮助我们总结和得出结论。

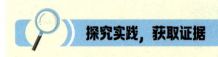

探究实践，获取证据

（1）运用统计分析法整理、分析数据，并用可视化图表表示调查到的二氧化碳高排放或资源浪费情况。

（2）简单描述可视化图表反映了哪些现象。

（3）根据可视化图表所反映的现象或问题，请你提出有针对性的建议。"建议"要具备科学性、有依据和可行性三个特征。"科学性"是指建议要符合一定的科学原理或理论；"有依据"是指建议要有证据支撑，有理有据；"可行性"是指不要提假大空的建议，要有可实施的条件和可能。

预期成果

 选做任务

请你任选一项任务，完成它，把材料打印出来，贴在空白处。

1. 撰写一篇《低碳建议报告》，文本内容要呈现完整的过程：

（1）事由（不合理的现象、不适合的工具、不便民的事情等）。

（2）调查研究（问卷/访谈/实地考察）。

（3）数据分析（找准关键点，总结数据呈现的规律，挖掘背后的影响因素）。

（4）提出合理化建议，明确建议的内容（思考做什么、怎么做）。

（5）总结建议的社会影响（谁受益）。

2. 新闻作品《低碳行动纪实》：

（1）寻找采访对象，思考与他们沟通交流的最好方式。

（2）制订采访计划（如何采访、何时采访等）。

（3）利用文稿、照片或视频的形式纪实性地报道环境问题，提出切实可行的解决措施。

评价反思与改进优化

在此项目中，我们经历了荒岛建设、小岛环境危机、小岛转型的模拟游戏，在这些游戏中了解了"碳中和"的相关知识，围绕二氧化碳这一核心物质的排放和吸收，以整体和系统的思维方式来认识生物与环境的相互关系。日常生活中，资源浪费、高耗能、二氧化碳高排放等现象频繁出现，需要我们从大处着眼、小处着手针对某一种现象提出切实可行的科学建议，所以本项目成果要求大家呈现完整的调查过程。请对照表5-6对自己学习的情况进行评分及反思，以便日后改进。

表 5-6

评价内容	评价标准	分值	评分
综合多种原始资料	能够就同一话题的多份资料通过比较和分析来整合资源	5分	
提出问题	能够提出重点突出、可回答及可研究的问题	5分	
策划及进行调查	制订计划和进行调查，提供证据支持	5分	
阐释数据以提出有效建议	能够设计解决方案或模型 解释数据信息，并对现象、模型提出有效、可行的建议	5分	
总分			
优化改进措施			
我在本项目中学到了			
有一些地方做得不好，我的遗憾			
如果重来一次，我想			

项目 6 安全有趣的校园游乐场

走进情境，融入角色 >>>

2023年冬天，一场大雪让学校披上了银白色的外衣，趁同学们放假，学校后勤师傅们为大家建造了一个别具一格的"雪滑梯"，如图6-1所示。同学们返校后，"雪滑梯"迅速成了学校的"网红打卡地"，同学们在快乐午间纷纷来到"雪滑梯"打卡。伴随着同学们的欢声笑语，你不禁在想，学校能否多建几处游乐设施，供年龄

图 6-1

小的同学玩乐，释放天性呢？中学生平时课业负担较大，一上午的紧张学习后也需要放松，那么校园现有的设施能否满足他们的需求？如果你是一名建筑设计师，承接了"校园室外空间改造"项目，需要建造一些游乐设施，希望你设计建造的游乐设施能给更多同学带来欢乐和放松。

在此项目中，你需要迎接的挑战是：

根据主要问题设计游乐设施方案，将设计方案用模型的形式展示，再围绕模型进行介绍，最后组建目标用户群体对你的校园游乐设施设计进行评价。

表现性任务 >>>

⭐ **1 任务类型**

游乐设施模型。

⭐ **2 涉及学科**

数学,物理。

⭐ **3 任务复杂程度**

★★★

⭐ **4 科学素养特色培养**

收集信息,定义问题,设计方案,构建模型,口头表达。

学习目标 >>>

⭐ **1 科学概念**

围绕科学实践,能提出满足一定限制条件的简单工程问题,知道验收标准,了解设计方案中各种因素间的关系。

⭐ **2 研究方法**

围绕科学实践,了解设计思维是一种以用户为中心,致力于解决问题的思维方式,其流程包括"共情""定义问题""探索点子""测试原型""测试验证"五部分。

⭐ **3 探究能力**

在科学实践中,能够知道工程设计需要经历明确问题、设计方案、实施计划、检验作品、改进完善、发布成果等过程。

制作实物模型并依据实际反馈意见,对实物模型进行迭代改进。

⭐ **4 态度责任**

乐于准备多种设计方案,初步具有质疑、创新的态度,知道技术与工程需要实事求是,能如实记录相关信息和正确对待作品的缺陷。

任务 1　明确任务

活动 1：解构任务

拿到具体任务后，你可以使用"解构工具"进行任务分析。

> **有理有据，敢于表达**
>
> （1）角色
> 你是_____。
> 你的工作是_____。
>
> （2）目标
> 在这个项目中，你的任务是_____。
> 任务必须满足的要求是_____。
>
> （3）对象
> 你的目标使用者是_____。
> 目标使用者的特点是_____。
>
> （4）选址
> 你的建造地点是_____。
>
> （5）结论
> 你需要解决什么问题？

活动 2：筛选限制条件

图6-2中哪些游乐设施适合放在学校？你从哪些方面考虑这个问题？

图 6-2

• 有理有据，敢于表达 •

将你的思考结果用思维导图呈现。

 资料卡片

无动力游乐设施是指无须电力等外部能源提供支持，由攀爬、滑行、钻筒、走梯、荡秋千等功能部件和结构、扣件及连接部件组成，仅依靠设备自身与使用者的互动便能进行游戏的设备。无动力游乐设施的魅力在于释放儿童的运动天性，能更好地满足孩子的行为特点和心理需求，充分考虑不同年龄段孩子的不同需求，并根据孩子的能力来搭配不同的设备产品，具有安全系数高、使用周期长、维护成本低、娱乐性强、互动性好、体验感独特等特征。

任务 2　学生群体调研

活动 1：身边的无动力游乐设施

有理有据，敢于表达

列举你身边的无动力游乐设施，你在体验时有什么感觉？

活动2：目标使用者需求调研

在调研用户需求时，人们通常用调查法收集信息。调查法分为问卷调查、访谈和实地考察等。问卷调查通常样本量较大，得到的数据与实际有偏差，访谈相比较而言会更有深入性、真实性，得到的反馈会更加精准。

访谈之前，要设计系统性的访谈提纲，便于访谈过程不偏离主题。访谈提纲设计有如下注意事项：

（1）访谈提纲要有维度。
（2）访谈提纲不要设置"是否""对不对"这样的问题。
（3）访谈问题的数量要控制和精简。
（4）访谈问题的表述要通俗易懂，便于访谈对象理解。

针对要解决的问题，设计访谈提纲，并找几位同学进行访谈。

有理有据，敢于表达

（1）关于要解决的问题，你已经知道了什么？

（2）关于要解决的问题，你还需要知道什么？

• 有理有据，敢于表达 •

（3）把访谈情况填写在表6-1中。

表 6-1

学生访谈	
访谈提纲	访谈结果

活动3：目标使用者画像

• 有理有据，敢于表达 •

根据访谈结果，把目标使用者画像在下面空白处列出来。

| 任务3 | 问题描述 |

活动1：根据需求定义问题

将需求定义成问题有以下三个步骤：

步骤1：问题陈述人是谁？将这些反映到你的使用者画像中。

步骤2：利用"5W1H"问法，讨论需求是什么、为什么以及如何。

步骤3：基于以上步骤形成问题描述。

请就校园游乐设施进行需求定义。

步骤1：问题陈述人是谁？

步骤2：用"5W1H"进一步明确需求是什么、为什么、如何？

步骤3：形成问题描述。

活动 2：整合、优化问题

根据目标使用者需求定义的问题有很多，如何整合优化使之成为要解决的关键问题呢？这就需要进行结构化分析。结构化分析的方法有很多，如韦恩图、思维导图等。

有理有据，敢于表达

请你使用上述结构化分析工具进行问题整理、优化。

任务 4　模型设计

活动 1：头脑风暴

头脑风暴有非常多的规则，最为重要的三个是：培养自信；数量先于质量；不批评。

知识链接

喂鱼条约：有什么好点子都先写下来并大声念出来，像"喂鱼"一样把所有的点子抛进一个池子，激发更多人打开思路参与讨论。头脑风暴往往容易变成漫无目的的争论，这个条约既能保护每一个人天马行空的想法，又能帮助大家做筛选，集中讨论，高效产出。

活动2：结构化"点子"，明确设计要求

头脑风暴后获得的"点子"需要先做分类、选择，然后结构化分析，最后选择重点要解决的"点子"进行设计并改进，如图6-3所示。

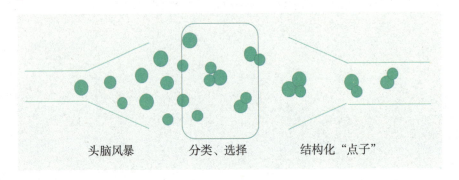

图 6-3

有理有据，敢于表达

请你将头脑风暴环节产生的"点子"记录在便笺纸上，一张便笺纸写一个"点子"，然后分类进行结构化分析。

活动 3：创建模型

明确了设计要求后，就可以创建模型啦！最初的模型可以用最简单的材料制作，而且越快越好。可以用硬纸板、塑料杯、绳子、胶带等制作最初的"原型"，然后进行评估。

• **有理有据，敢于表达** •

请把你的模型设计方案写下来。

任务 5　测试与迭代

模型测试是设计思维过程中必不可少的环节，在这一环节中可能会出现决定性的变更建议，这些建议可能会大大影响最终成果的质量。在进行测试时，不过多地介绍模型如何使用，或者推销模型，而是要向目标使用者收集信息和数据以修正模型，让它更加符合目标使用者的需求。

活动1：测试

明确目标，有理有据

开启测试最好的方式是明确定义想要测试的目标、内容、对象、地点等信息，完成表6-2。

表 6-2

你想了解什么？	
你想测试什么？	
你想让谁来测试？在哪里测试？	

 探究实践，获取证据

（1）这一环节需要尽量找更多的人，在仿真的环境下进行测试，测试目标使用者时可以采用现场观察、访谈、问卷等方法。

示例：

测试一种可穿戴的报警器，当行人过马路时，报警器会根据不同的危险情况进行报警提示：

当行人低头看手机过马路时，报警器会发出铃声警告。

当行人违规横穿马路时，报警器会发出振动。

当行人正在过马路时，左向有车辆驶过，报警器会发出语音警告。

……

（2）记录测试结果非常重要，这些测试结果可以帮助你改进模型，使其更加符合目标使用者的预期。一般来说，反馈收集表是一个很好的记录工具，可以系统地收集反馈，见表6-3。

表 6-3

目标使用者喜欢什么	目标使用者有什么期望
测试中出现了什么问题	在测试中产生了什么新的"点子"

当你接收到反馈时，应该表达感谢。在此期间，你只需要倾听、收集反馈，并不需要做出回答。最后可以追问自己没有理解或没有听清楚的内容。

活动2：迭代

有理有据，敢于表达

迭代模型时，迭代记录表可以快速、高效地帮助设计者聚焦在必要的内容上。请你填写表6-4，完成迭代记录表。

表 6-4

第一步：实际要进行的测试指标有哪些	要改进的地方有哪些
第二步：为了测试，要做什么	
第三步：收集哪些数据	改进措施有哪些
第四步：确定标准，以明确测试的过程符合标准	

预期成果

先完成无动力游乐设施的设计方案，包括目标使用者需求调研、设计要求、设计思路，然后设计并制作无动力游乐设施模型（3D打印）。

评价反思与改进优化

在本项目中，我们运用设计思维进行了无动力游乐设施模型的设计及测试，按照"共情""定义问题""探索点子""测试原型""测试验证"的流程进行学习，最后我们需要设计一个模型并进行测试。请对照表6-5对自己学习的情况进行评分及反思，以便日后改进。

表 6-5

评价内容	评价标准	分值	评分
收集信息	收集能够支持研究问题的相关的、真实的有效资料	5分	
定义问题	定义解决实际问题的标准和限制	5分	
设计方案	制订计划和进行调查，提供证据支持，设计解决方案	5分	
构建模型	开发、使用和修正模型来测试和优化解决方案	5分	
口头表达	运用适当的公共演讲策略来吸引听众，交流要点	5分	
总分			
优化改进措施			
我在本项目中学到了			
有一些地方做得不好，我的遗憾是			
如果重来一次，我想			

项目 7 给蘑菇一个"家"

走进情境,融入角色 >>>

蘑菇是常见的大型真菌,可食用的蘑菇含有丰富的氨基酸和矿物质。由于其特有的鲜美味道,深受人们喜欢。与日俱增的需求量伴随着食品安全的相关问题,如何鉴别可食用蘑菇?如何在家就种植出鲜美的蘑菇?怎样种植出高产量的蘑菇?我们将一起来探讨。

育英学校的温室大棚中也有蘑菇种植基地,如图7-1所示。同学们可以利用课余时间去参观,向社团成员咨询种植方法,为家庭种植做准备。

图 7-1

在此项目中,你需要迎接的挑战是:

根据蘑菇的生长环境及菌包情况,设计并制作一个家用蘑菇种植装置;体验蘑菇种植过程并进行观察记录,用自然笔记的形式进行描述。

表现性任务 >>>

1. 任务类型

制作种植装置，科学笔记。

2. 涉及学科

生物学，美术，劳动。

3. 任务复杂程度

★★★

4. 科学素养特色培养

能够通过设计制作蘑菇种植装置及体验蘑菇种植的过程，认识科学的本质，初步形成基本的科学观念；能够通过观察、测量等科学方法的运用，形成一定的探究意识。

学习目标 >>>

1. 科学概念

通过本项目的探索，能够对大型真菌——蘑菇有初步的认识，能够简述真菌与植物的差异。

通过查询资料并结合生活经验，能够知道蘑菇生长所需要的环境条件。

2. 思维方法

在本项目的探索过程中，能够运用观察法，选择适当的记录工具和记录方式对蘑菇的生长进行观察和记录。能够选取一定的装置制造一个家庭种植蘑菇的简易装置。

3. 探究能力

在对本项目的研究中，能够独立使用观察法对蘑菇的生长情况进行观察和记录，并掌握自然笔记的记录要点。

能够根据同学们的建议对自己设计的种植装置进行改进，不断完善。

4. 态度责任

体验蘑菇的种植过程，收获辛苦劳动后的成果，体会到付出努力才能收获成功。

将亲自种植的蘑菇做成美食，与家长分享，共享劳动成果。认同蘑菇对人类和生物圈的重要作用。

项目7 | 给蘑菇一个"家"

任务1 认识蘑菇及设计家庭种植蘑菇装置

活动1：蘑菇是植物吗

去云南旅游时，一顿野生菌火锅是必不可少的。你知道野生菌火锅的主角是什么吗？

请你仔细观察图7-2和图7-3所示的蘑菇，和同伴说一说，你曾经见过的蘑菇长什么样、在哪见到的。

图 7-2

图 7-3

有理有据，敢于表达

蘑菇从外形看和植物有些类似，它们属于植物吗？请你仔细观察蘑菇和植物的实物或图片，多方面寻找证据来验证它们之间的差异，填写在表7-1中。

有理有据，敢于表达

表 7-1

	蘑菇	植物
生长环境		
生活方式		
繁殖方式		
分类学地位		
补充1		
补充2		

资料卡片

蘑菇不是植物，而是一种大型真菌。蘑菇并没有植物的特征，并不属于植物。真菌和植物、动物在地球上拥有同样的地位，各自是一"界"，蘑菇就属于真菌界。我们常说的蘑菇其实属于真菌界当中的蘑菇科蘑菇属蘑菇种，在全世界分布广泛，以热带地区和湿润地区品种为多。它的生长过程比较简单，分为菌丝体阶段和子实体阶段，我们常吃到的蘑菇其实就是指子实体阶段的蘑菇体，所以蘑菇是由菌丝发展起来的一种大型真菌。虽然我们在野外看到的蘑菇是长在草地上、土壤上等地方，看似和植物一样吸取土壤里的养分来生长，但其实蘑菇是属于一种大型真菌哦！

从最初肉眼都难以看到的菌丝体，慢慢地发展到子实体，这个生长过程其实并不难，也许一场雨过后它就能够快速地冒出来。由于蘑菇喜欢生长在潮湿的环境当中，主要以腐生的生活方式存在。当蘑菇的子实体成熟之后，就会产生用来繁殖的孢子，藏在蘑菇的菌褶里，在子实体成熟之后，它就会像子弹一样弹射出去，被风一吹就能够飘向很远的地方，当条件满足时就会快速地生长发育。所以蘑菇的个头虽然看着小巧，但是它的生命力却不容小觑，就像是无穷无尽一样，繁殖在地球上适合生存的各个不起眼的角落中。

通常生活当中可以食用的蘑菇叫作双孢菇,它在全世界范围内都有较为广泛的人工栽培区域,产量非常高,这类型的食用蘑菇深受全世界人民的喜爱。不过,世界上一些地区也喜欢食用野生蘑菇,在这方面大家得注意了,千万不要采到毒蘑菇,尤其是那些色泽鲜艳的蘑菇,大多数都含有一定的毒素,所以大家可不要为了一时贪嘴,而去食用哦!

请把你知道的蘑菇画出来,看看谁画得多。

活动2:设计一个"蘑菇房"

根据活动1中的阅读内容,请你结合蘑菇的自然生长环境,说出蘑菇生长所需的环境条件。

(1)如果能够在家中种植蘑菇,请你参考图7-4为蘑菇设计一个"小房子"。

要求:选择的装置、材料和安装方式具有可操作性;用画图和文字结合的形式对"蘑菇房"进行简要说明。

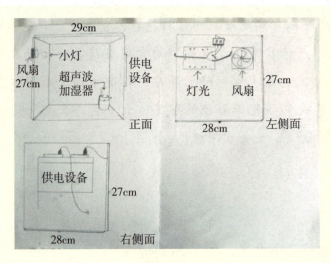

图 7-4

（2）小组讨论，互相建议，说出自己设计的"蘑菇房"的优势。

①讨论后，对自己的设计进行迭代，用不同颜色的笔在设计图中进行完善。

②根据设计图，在家中选择合适的器具进行制作。

③结合种植视频，开始对蘑菇的种植体验，注意进行拍照等形式的记录。

 知识链接

人工栽培食用蘑菇的生长环境

温度：一般不同的蘑菇在生长阶段会需要不同的温度，在前期菌丝体生长时，需要的最适宜温度是18~20℃。在后期子实体生长时，温度就要调整到12~16℃。一般菌丝体生长喜欢温暖的环境，子实体生长喜欢凉爽的环境。温度太高，菌丝就会变老，子实体容易开伞，4℃以下菌丝体就会不再生长。

营养：蘑菇生长需要大量的营养，但是真菌不像植物的叶片有光合作用制造营养，所以人工种植主要依靠施肥来转化成营养。蘑菇种植时需要配置培养基料，培养基料主要由家畜粪肥和棉籽壳、锯木屑组成，培养基料酸碱度必须在 6.8~7.5。

水分：蘑菇生长跟外界的植物一样需要水分，而且需要很多水分，尤其是在子实体生长阶段，如果水分不足就会影响子实体生长。一般培养基料水分大概是60%、空气湿度约70%。如果环境太干燥，蘑菇就会失水；如果环境湿度太大，空气就会不流通。

光照：大部分食用菌类都不进行光合作用，小部分食用菌会接受一些光照，以对生长有利。蘑菇不需要光照，它在黑暗的环境也可以生长。它在生长时要避免被强光照射，以免对生长不利。

空气：蘑菇生长需要空气，种植蘑菇时一定要通风，如果不通风换气，室内空气就会很难流通。蘑菇生长需要足够的氧气，它主要是吸收氧气，释放二氧化碳，所以一定要定时把室内的二氧化碳排放出去，让氧气进来。

任务2 记录蘑菇的成长

活动1：认识自然笔记

自然笔记，就是用画笔把你看到的大自然中美丽且好奇的东西画下来，并写出你看到它时的感悟。它记录的不仅仅是你看到的景象，更是你对自然界的思考。不需要高超的绘画技巧，只要有一张纸、一支笔、一颗热爱自然且善于观察的心，人人都可以创作自然笔记。

创作自然笔记需要注意以下几个方面：

（1）一份完整的自然笔记包括：时间、地点、天气、记录人、主题、文字和图画。

（2）与科学观察一样，自然笔记是对自然界的客观观察和记录，但受人自身的影响，每个人的笔记却是主观的。

（3）主题是对自然笔记内容的概括，最好不是被观察对象的学名。

（4）文字是自然笔记的主体。只要运用视觉、触觉、嗅觉、听觉等多种感官对自然物进行多角度的近距离观察，就能获得大量的观察内容用于记录。对自然现象的描述应该尽量客观，没有任何的夸张描述。

（5）图画是对文字描述的补充，也是对自然物、自然现象的形象化呈现。图画应当尽量真实客观，不应夸大、夸张、抽象。图画中须有标尺或自然物的尺寸数据，没有尺子可以借助手指、笔、脚步、树木、建筑等作为参照物进行估测。对于自然物的细节部分应用"放大图"来展示。图画中不能出现卡通造型等不客观的描绘，也不应出现给果实画眼睛、给树叶画花边等画蛇添足的操作。不用底色、底纹等艺术渲染效果。

请你准备一张A4纸，参照图7-5和图7-6所示，用自然笔记的形式记录你种植蘑菇的过程。

要求：图文并茂，通过绘图和文字的形式描述蘑菇的生长变化；添加自己的种植感受。

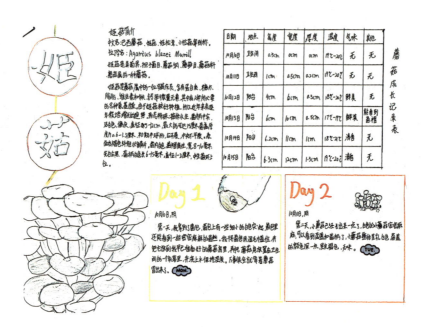

图 7-5

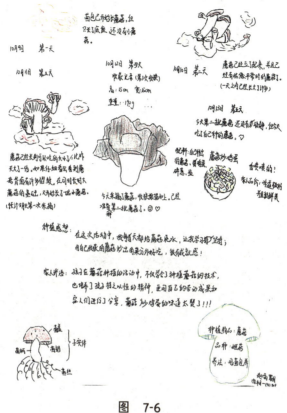

图 7-6

活动 2：体验收获的乐趣

（1）动动手，请你利用收获的蘑菇，在家长的帮助下，烹饪一道菜品。将这道菜的烹饪过程记录下来。

（2）说一说，从种植到收获的感受。

 选做任务

用视频的形式将你种植蘑菇、收获蘑菇、烹饪佳肴的过程进行记录。

预期成果

（1）请你寻找合适的材料，制作出家用种植蘑菇装置，把照片贴在下方。

（2）尝试进行蘑菇种植，并持续进行观察，以自然笔记的形式进行记录，张贴在下方。

评价反思与改进优化

本项目从为蘑菇种植基地储备种植能手的情境出发，引发同学们的种植兴趣，激发思考力。在参与项目的过程中，同学们需要使用文献阅读法对蘑菇进行了解、使用观察法进行观察、图文结合的形式进行记录、发现种植中的问题并尝试解决，还会用到劳动课上学到的知识来进行工程制作，如此，融合了生物学、美术、劳动等多学科来解决问题。请对照表7-2对自己学习的情况进行评分及反思，以便日后改进。

表 7-2

评价内容	评价标准	分值	评分
蘑菇种植装置制作	能够用画图和文字的形式完成设计图，并能够根据设计图，选取生活中的材料制作出种植装置。装置大小合适、简单美观	5分	
蘑菇种植过程	能够在家中为蘑菇种植提供合适的条件，并持续进行养护，体验从开菌包到收获蘑菇的过程	5分	
自然笔记完成情况	能够持续对种植过程进行观察和记录，并用图文并茂的形式完成自然笔记	5分	
参与度评价	能够自觉完成老师布置的任务，主动思考，独立完成	5分	
总分			
优化改进措施			
我在本项目中学到了			
有一些地方做得不好，我的遗憾是			
如果重来一次，我想			

打造电机玩具工厂

走进情境，融入角色 >>>

玩具，伴随着每一个人的童年，每个年代有每个年代的玩具。20世纪80年代出生的人，他们的玩具通常是由手边的物品自制的，如拉哨、羊拐；90年代出生的人，他们的大多数玩具已经是小商品了，如星星纸、弹力球；"00后"以及"10后"的玩具就更丰富多彩了，不仅具有精美的设计，还有着巧妙的构思，很多还是由电力驱动的，如图8-1所示的玩具小车。

图 8-1

作为一名玩具设计师，你敏锐地察觉到电动玩具的广阔市场，尝试着从零起步打造一家主打电机商品的玩具工厂。在这个玩具工厂中，你们小团队至少设计出3种电机商品，并且将它们推销出去。这就要求你们在设计的时候就要考虑销售出路了哦！

在此项目中，你需要迎接的挑战是：

从零起步打造电机玩具工厂，至少发明创造出3种电机商品，并撰写推荐语，将你们的电机商品推销出去。

表现性任务 >>>

1 任务类型

发明创造。

2 涉及学科

物理,语文,美术。

3 任务复杂程度

★★

4 科学素养特色培养

在与同伴一起打造电机玩具工厂、设计制造电机玩具的过程中,经历学习—应用—拓展—再创造的过程。在完成任务、解决问题的过程中,能自发地应用已有的知识和经验,通过直观感受、进行联想和激发灵感等思维发散的过程,在再创造的环节可产生差异化、多样化的结果。

学习目标 >>>

1 科学概念

通过对打造电机玩具工厂的探索与实践,能够初步了解电生磁、磁生电、能量的转换与利用、设计与开发等方面的基本知识,可以用电机进行简单的设计(形成想法→画出设计图→寻找材料→制作成品→推销与展示→优化和改进),将自己的想法转化为现实产品。

2 思维方法

经历打造电机玩具工厂的探索与实践过程,在实验中运用观察法、推理法、对比法、控制变量法等多种方法,重点掌握对比法。

3 探究能力

通过对打造电机玩具工厂的探索与实践,能够经历完整的科学探究过程,可以自主提出可探究的问题、画出设计图、制订实验计划,最后根据实验得出结论,独立完成产品的设计制作,并在老师的指导下、其他学生的帮助下,写出产品介绍,甚至是说明书。

4 态度责任

通过对电机的观察和分析,结合自己的生活经验,进行一定的设计,完成初步设想。提出问题、设计实验、实施实验,最后完成任务,经历完整的科学探究过程;经历克服困难、解决问题的艰苦过程,最终收获胜利的果实;通过在制作过程中总结注意事项,体验实验原理与实践之间的关系,感受到科学无极限;体会将想法转化为现实产品的艰辛与喜悦,可以意识到这个过程充满困难,需要明确目标并考虑细节,体会科学家以及优秀产品设计师精益求精的品质。

| 任务1 | 认识小电机 |

从零起步打造电机玩具工厂并不是一件容易的事。电机玩具的核心元件是电动机,还记得小电动机是什么吗?它的工作原理和结构是什么?让我们一起来回忆一下小学科学课上的知识吧。

活动1:回忆小电动机知识

(1)小电动机的工作场景有很多,你能想到哪些?电动机不仅使用在玩具中,生活中很多地方都离不开电动机。你还知道在哪些地方用到了电动机?请将你想到的填写在下面的空白框中,如图8-2所示。

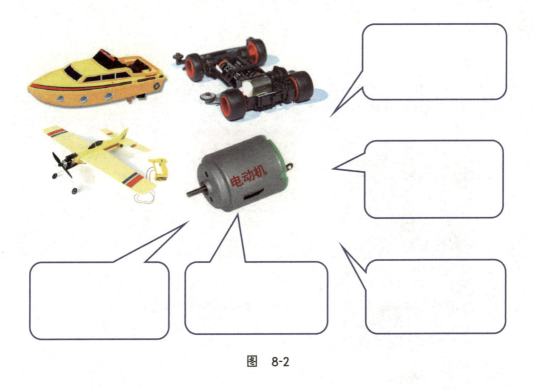

图 8-2

(2)将使用电动机的情况进行分类,你会发现在现代生活中,我们的身边处处都有电动机的身影。完成表8-1。

表 8-1

电动机使用场景汇总		
场景	电动机功能	能量转换形式

 探究实践，获取证据

电动机的能量转换是：电能转换为动能（机械能），有很多小实验都是可以完成这个过程的。你可以参考表8-2中的实验截图进行实验论证，完成下表。

（实验安全提示：为了实验现象更加直观、明显，下列实验均在电路短路情形下完成，为减小因电池发热而造成能量浪费，请快速实验，观察到现象后及时断电。）

表 8-2

序号	演示实验截图	所需材料	是否成功？遇到的问题或者成功的经验
1		电池、铁丝、强磁铁	
2		电池、两块圆形磁铁、锡纸	
3		电池、漆包线、磁铁	

> **有理有据，敢于表达**

在实验过程中，你成功了吗？如果成功了，那你成功的秘诀是什么？如果还没有，那么你遇到了什么问题？可以简单写一写，与同学和老师一起分享或者商量解决。

总结归纳一下，通过模拟电动机原理的3个实验，你认为实现电能到动能的转换，需要哪些必要条件？

活动2：拆一个小电动机

我们已经知道了实现电动机基本功能的必要条件，那作为已经在市场中存在很久的成熟的小电动机，它真的像我们所推测的那样吗？是否与我们想的有什么不同？小电动机里面有什么？它是怎么工作的？为什么通电后它就会转动呢？那让我们拆一个小电动机研究看看吧。

完成以下3个实验：

（实验提示：为避免电池能源浪费，请实验结束后及时断开开关。）

（1）做一做。为了简单回忆相关电学知识，以及检验实验器材是否完好，是否可以正常工作，参考图8-3的电路图，让小电动机转起来。

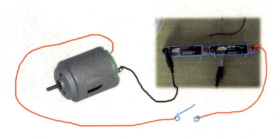

图 8-3

（2）拆一拆。观察小电动机的构造，看看小电动机由哪几部分组成？各部分有哪些部件？并推测它们的作用。可参考图8-4完成任务。

后盖　　　　　　　　　转子　　　　　　　　　外壳

图　8-4

（3）试一试。小电动机各部分的作用真的如你所想吗？请用实验进行证明，并填写表8-3。

表　8-3

小电动机各部分功能验证实验				
部分名称	包含元器件	猜测功能	简述验证试验的过程	验证结果
后盖				
转子				
外壳				

知识链接

换向器，亦称"整流子"，如图8-5所示。它是直流电机和交流换向器电动机电枢上的一个重要部件，由云母片隔开的许多铜片组成圆筒形或盘形，每一个铜片同某几个电枢绕组元件相连接。电枢转动时，铜片相继与固定的电刷相接触。在直流电动机中，电刷和换向器将电枢绕组内的交流电变为电刷间的直流电。在交流电动机中，换向器使电刷间交流电的频率符合工作要求。

图　8-5

> **有理有据，敢于表达**

（1）电动机里面有3个电磁铁，跟在课本上学到的形状一样吗？为什么要做成这样的形状？有什么好处？

（2）换向器与电刷配合可以实现什么样的功能？如果没有换向器，会发生什么事情？

（3）除了上面提到的，你观察到的小电动机还有哪些部分或者细节没有被提到？

活动3：电动机与发电机

有的电机玩具中，不仅有电动机，还有发电机也在其中发挥着重要作用。观察手摇式发电机，我们发现里面也有一个类似电动机的结构，如图8-6所示。它是什么呢？与电动机有什么不同？

手摇式发电机　　　　　电动机

图 8-6

请完成以下4个体验小实验，完成表8-4。

（1）手摇式发电机作为用电器，与电池相连，使其转动。

（2）手摇式发电机作为电源，让小灯泡亮起来。

（3）与同伴合作，两个手摇式发电机相连，一个作为电源，一个作为用电器，电源让用电器转动。

（4）自由组合，看看你能玩出哪些花样？

表 8-4

序号	实验元器件	实验电路图	实验效果
1			
2			
3			
4			
……			

任务 2 打造电机玩具工厂

我们已经了解了电动机和发电机,如果让你用它们作为核心元件打造出一款电机玩具,并上市销售,你有什么想法?

活动 1:设计玩具

由电能为主要动力来源的玩具有很多,大部分利用电动机或发电机来实现动能。你知道哪些容易制造且很有趣的电机玩具?与你的小伙伴分工合作,每人用身边的材料(或者生活中的材料)设计并制作一款电机玩具,完成表8-5。你们团队内制作的电机玩具不能重复。

表 8-5

团队成员				
负责的玩具项目				
我负责的内容				
所负责的玩具项目中应用的核心元件说明(如工作原理、能量转换方式、其他特别说明等)				
玩具设计(图) 注:请在设计图中标出产品的电机或其他元件的具体位置和名称				

（续）

玩具电路图	
设计特点（产品的趣味性/外观寓意/特殊的电机组件等）	
产品制作完成后第一次运行实验是否成功，简述改进方法	
产品制作完成后第二次运行实验是否成功，简述改进方法	
产品制作完成后第三次运行实验是否成功，简述改进方法	
……	

● **有理有据，敢于表达** ●

产品已经设计出来了，你们团队的电机玩具工厂就可以开业啦！作为一个电机玩具工厂的玩具设计师，你还需要考虑哪些事项呢？

活动2：打造电机玩具工厂

你们现在已经发明创造出至少3种电机玩具产品啦！现在可以打造专属于你们的电机玩具工厂了。玩具工厂的名字是什么？3种产品的名字以及特点分别是什么？销售对象是哪些人群？现在你需要在产品竞标会议上将你们的产品推销出去，赶紧想一想玩具展示环节的内容和推荐语吧。

预期成果

以小组为单位，完成表8-6。

（1）至少3种电机玩具。

（2）玩具工厂的名字和产品介绍。

表 8-6

_____玩具工厂参与竞标产品推介			
产品名称	产品特点	面向人群	推荐语

评价反思与改进优化

完成本项目之后，你的电机玩具工厂是否已经初具规模了呢？对于电动机和发电机的工作原理是否有了新的理解和感悟？在设计和制作玩具的过程中是否遇到了困难？面对困难的时候你是怎么想的？请对照表8-7对自己学习的情况进行评分及反思，以便日后改进。

表 8-7

评价内容	评价标准	分值	评分
小组合作程度	小组决定好的事情我能够坚决执行	5分	
	小组分工明确，合作愉快	5分	
	能够为小组完成任务提供支持或者帮助	5分	
	在小组当中能够积极出谋划策，提出意见，并且接受别人的建议	5分	
任务完成度	对于自己负责的内容能够认真完成并且按时交付	5分	
	设计提供了至少一个电机玩具或完成了至少一个玩具展示	5分	
	除了小组安排的基本任务之外，我还能完成额外的工作	5分	
	我对自己的任务完成情况很满意	5分	
作品制作质量	我的作品应用了一种或多种前面所学的知识	5分	
	我的作品达到了趣味性和美观性的任务目标	5分	
	我制作的电机玩具达到了预期的目标	5分	
	小组展示环节经过精心设计，逻辑清晰，表达准确，可借用PPT、视频、实物、演示实验等方法进行展示	5分	
自身状态	遇到困难能积极面对，尽自己所能去解决	5分	
	在本项目的学习中感觉很充实	5分	
	学到了新东西，对之前学过的内容有新的感悟	5分	
	能够在项目中一直保持积极乐观的心态	5分	
总分			
优化改进措施			
我在本项目中学到了			
有一些地方做得不好，我的遗憾是			
如果重来一次，我想			

我是农场主

走进情境，融入角色 >>>

习近平总书记在 2023 年 5 月 31 日到北京市育英学校考察时，曾经来到学生农场，对同学们说，认识大自然，首先要从认识身边的植物开始。同学们栽培的各种植物，虽然书本上都有介绍，但大家亲手种、亲自培育、跟踪观察，收获肯定是不一样的。图 9-1 所示为北京市育英学校的学生农场。

图 9-1

在此项目中，你需要迎接的挑战是：

测量农场面积，制作农场地图；合理规划农场作物种植；根据劳动需要，选择合适的农场劳动工具。

表现性任务 >>>

⭐ 1 任务类型
绘图表达，工具使用。

⭐ 2 涉及学科
生物学，化学，数学，劳动，美术，信息科技。

⭐ 3 任务复杂程度
★

⭐ 4 科学素养特色培养
通过家庭的支持、学校的鼓励、社会的肯定，促进劳动教育与德育、智育、体育、美育的融合；通过劳动教育与跨学科实践活动，让孩子们体验真实的劳动实践，培养科学精神，获得劳动能力，体会劳动价值。

学习目标 >>>

⭐ 1 科学概念
通过"我是农场主"的实践研究，能够了解农作物种植的基本过程，知道根据农作物的不同生长阶段进行科学的日常管理；借助科学技术减轻劳动者负担，提高农业生产力。

⭐ 2 思维方法
经历"我是农场主"的研究和探索，运用多种研究方法，比如观察法、文献法、实验法等，重点掌握观察法和实验法。

⭐ 3 探究能力
通过对"我是农场主"的实践研究，能够在情境中独立提出可探究的问题并进行合理假设，经历科学探究的一般过程，在老师的指导下制订计划，小组合作实施计划，能够描述和交流自己的探究结果。

⭐ 4 态度责任
在探究过程中，感受劳动的快乐和食物的来之不易，认识到农业技术在生活中的应用，认同人类和社会的需求是科技发展的动力，科学技术的发展影响着我们的生活。

任务1 身份确认，农场准备

活动1：校园农场，调查了解

1. 测量农场面积

我们用以下方法来测量农场的面积。

（1）以米为单位，先量好长与宽，这是最基本的。长和宽相乘，得到的面积的单位为平方米。1m²=0.0015亩，所以，只要用平方米数乘0.0015就是亩数了。例如：宽30m，长30m，30×30=900（m²），900×0.0015=1.35（亩）。

（2）土地面积小且不规则时，将其划分成一些相连的三角形，用公式计算出每个三角形的面积，再加起来。

海伦公式：假设在平面内，有一个三角形，边长分别为a、b、c，三角形的面积S可由以下公式求得：

$$S = \sqrt{p(p-a)(p-b)(p-c)}。$$

公式里的p为半周长（周长的一半）：

$$p = \frac{a+b+c}{2}。$$

（3）科技改变生活。随着科技的发展，我们现在有了更便捷的测量手段，只需一部智能手机就能快速、准确地测量出复杂地形下的土地面积，操作十分简单。现在的智能手机几乎都含有GPS定位系统或者北斗卫星导航系统，我们只需要把智能手机里的位置信息打开，手机就能通过天上的卫星实时获取你的位置，卫星就能利用你移动时的位置差，计算出你移动轨迹内的面积。如测亩宝、测亩易等，这类软件可以辅助我们快速地测量土地的面积。

2. 制作农场地图

地图是依据一定的数学法则，使用制图语言，通过制图综合，在一定的载体上，表达地球（或其他天体）上各种事物的空间分布、联系及变化状态的图形图像。它具有严格的数学基础、符号系统、文字注记，并能用地图概括原则，科学地反映出自然和社会经济现象的分布特征及其相互关系。地图上某线段的长度与地面相应路程的实际长度之比，称为地图的比例尺。

• 合理绘制，构建模型 •

根据农场实测面积，手绘农场地图。

活动 2：农作物种植，规划设计

在农作物的选择上，我们需要不断变换栽培农作物的品种，从而使其均衡吸收土壤中的养分，减少诱发疾病的产生。因此，在哪片区域种植哪种蔬菜需要我们规划设计。接下来请你综合考虑以下因素，来选择合适的农场农作物。

（1）调研场地，测量场地大小，规划用地。

（2）避免连作，不要每年在同一块土地上种植同样的农作物。

（3）不同农作物播种时节不同，合理规划，统筹安排。规划种植区域、果蔬种植品种与时间点，分配各班种植区域，安排农场种植时间。

（4）小组合作，设计方案框架与内容。

活动3：种植方案，展示交流

经过了前期的农场场地调研和种植农作物生长周期的调查，在广泛征求老师和小组成员意见后，你有了初步的种植方案。请将你的种植方案运用多种形式和丰富的语言进行呈现和展示，并根据同学的修改建议，继续完善方案。

• 有理有据，敢于表达 •

合理规划农场种植，在农场地图上进行标示。

任务2 劳动实践，科学管理

活动1：搭配营养，我知道

我国农业部颁布的《肥料登记管理办法》，将肥料定义为"用于提供、保持或改善植物营养和土壤物理、化学性能以及生物活性，能提高农产品质量，或改善农产品品质，或增强植物抗逆的有机、无机、微生物及其混合物料"。肥

料按照所含营养元素的不同,可分为氮素肥料、钾素肥料、微量元素肥料和稀土元素肥料。植物所必需的营养元素包括碳、氢、氧、氮、磷、钾、钙、镁、硫、铁、硼、锰、铜、锌、钼、氯等。在植物的生长过程中,任何一种营养元素的缺失都会影响植物正常的生长发育。

生活中,我们每天都在进行垃圾分类,湿垃圾占据我们生活垃圾的"半壁江山"。湿垃圾被回收之后可以被制成有机肥料,只要材料合适、方法得当,我们在家也可以自制堆肥。自制堆肥不仅可以有效处理湿垃圾,还可以节约种植的成本,是非常环保的行为。果皮和菜叶等是家庭堆肥的主要原料。咖啡渣、茶叶渣和坚果壳也能用来制作堆肥。蛋壳和动物骨头可以使堆肥的成分更加丰富,大大增加堆肥的营养。需要注意的是,蛋壳和动物骨头需要清洗干净才能放进堆肥桶里。其他都需要尽量切碎,这样有利于微生物分解,加快堆肥的腐熟。

堆肥的分解过程是微生物发酵的生物学过程,利用分布在自然环境中的各种有益于发酵分解的微生物,如真菌、细菌、酵母菌和放线菌等,在人为创造和提供的条件下,有目的地控制和促进微生物降解有机物,将不稳定状态的有机物转化为稳定的腐殖质有机肥料。

植物的落枝、倒木、枯立木、落叶、落皮、枯死树根、动物残骸以及它们的异化代谢产物,在提高土壤生态功能的各个方面都表现出巨大的潜力。大量研究发现,长期施用有机肥可以有效改善土壤的孔隙结构状况,达到保肥保水的效果。

活动2:农场肥力,我负责

自制堆肥虽然耗时长,但是既可以将湿垃圾有效利用,又增加了自己动手的乐趣。堆肥制成后,与普通的泥土混合就可以用来作为农场肥料啦。

下面一起来阅读材料，学习如何自制堆肥。

材料用具：塑料整理箱、粉碎机、pH计、温度计、铁铲、EM菌剂、蚯蚓。

堆肥过程：

步骤一：收集残落物

收集农场凋落到地表未分解、干净的枯枝落叶、蔬菜残体，在晴朗天气晾干，将枝干和落叶分开。

步骤二：粉碎植物残体

将枝干和落叶分别用粉碎机进行粉碎，枝干粉碎物的长度在3cm以下。落叶粉碎物和枝干粉碎物按照5∶1的体积比搅拌均匀，置于2个塑料箱中用冷水浸泡7天，然后将水放干，盖上塑料膜。

步骤三：制作堆肥

（1）EM菌堆肥。将水、麦芽糖、EM菌剂按照300∶1∶1的比例混合均匀，制成发酵液。将配好的发酵液倒入（步骤二）植物残体塑料箱内并搅拌均匀，避雨堆置发酵。

（2）蚯蚓堆肥。用废弃的木箱或泡沫包装箱，装上杂草、牛马粪及腐烂的枯枝落叶、烂菜、瓜果以及废纸、食品加工厂的废渣和生活垃圾。上述有机物、垃圾或牛马粪先要经堆积发酵，待温度下降后，才能作为蚯蚓堆肥的基料。把基料装入养殖箱中，然后把蚯蚓放进去，就可以堆肥了。堆肥期间要经常喷水，保持湿度在60%~70%，并用草席、草帘和旧麻袋覆盖遮光，蚯蚓在气温13~28℃都能正常存活。其间需要合理浇水。

步骤四：指标检测

每天定时测量堆体温度，当堆体温度上升到45℃时开始翻堆，每隔2天翻堆1次。当温度下降到35℃以后，每15天翻堆1次。持续70天，将堆制当日作为0天，分别在堆肥的0、3、4、45、70天时采用对角线5点法取样后混合均匀，堆体维持含水量在70%~80%。

认真观察，把堆肥发酵效果记录在表9-1中。

表 9-1

日期	发酵效果
月　　日	
月　　日	
月　　日	
月　　日	

活动3：劳动工具，我设计

1. 堆肥工具

堆肥非常环保，它有利于促进植物的生长，能改善土壤的质量，还能减少温室气体，减少植物的水分消耗。请你查阅相关资料，发挥你的创意设计堆肥工具，一起来尝试一下。多种多样的堆肥工具如图9-2所示。

（1）双层鼓形堆肥桶。在支架上钉上两根钢柱，用来串联塑料桶，塑料桶设置了一个开口，用来添加土壤、落叶、干草、菜叶之类的堆肥材料，塑料桶上还留了透气孔，整个结构不会占据太大空间。

（2）垃圾桶堆肥。在垃圾桶的两侧钻一些小孔，在垃圾桶的底部也需要钻一个孔，用纱网堵住，避免虫子进入。之后就可以添加土壤、落叶、菜叶和果皮之类了，盖上盖子即可。

（3）托盘盖堆肥箱。它是用三个托盘改造出来的，侧面是透气的，用纱网隔开，顶部可以掀开。堆肥的材料主要是落叶、干草和菜叶等，堆肥成熟期需要半年以上的时间。

（4）铁丝网堆肥箱。准备一个铁丝网，围成圆形，用两根木头固定，可以用麻绳将铁丝网绑住，之后就可以进行堆肥了。平常家里产生的菜叶、果皮和落叶都可以放进去，如图9-2a所示。

（5）垂直堆叠堆肥箱。菜市场商贩用来装菜的塑料筐，非常耐晒、耐磨，也是可以用来做堆肥的。塑料框垂直堆叠在一起，每一层都会有空隙，可以进行阶段性堆肥，底部的堆肥会首先完成，顶部可以盖上盖子，这也是非常实用的堆肥箱，如图9-2b所示。

（6）厨房堆肥桶。用平常的废弃纸箱制作出来的堆肥箱，在顶部钻孔，将一些菜叶、果皮、鸡蛋壳、咖啡渣或茶渣放进去，适当添加清水，搅拌后放在温暖处就可以完成堆肥了。

（7）水泥块堆肥箱。直接用一些水泥块堆砌出来就行了，可以将干草、落叶和菜叶丢进去，添加一些土壤和清水，适当搅拌，之后盖上盖子，就可以让它慢慢完成堆肥了，如图9-2c所示。

（说明：菜叶、果皮等材料含有一定的水分，适量增加清水，可以促进微生物活动，加快堆肥发酵。土壤中含有微生物，有机质等成分，这些有益物质可以促进堆肥中微生物的繁殖。）

a)   b)   c)

图 9-2

2. 劳动工具

农具是进行农业生产所使用的工具（表9-2）。农具的形态、结构、材料等反映了人们长期的生产实践经验以及自身生理、心理的需求。如带弧线形的手柄适于发力，直线形的手柄更易于针对性地传递力量；无论是水平方向，还是环向的农器,使用时基本都能与全身保持协调平衡。农具的合理使用会大大提高劳动效率。

表 9-2

序号	功能	工具种类	举例
1	整地、中耕	犁、钉齿耙、锄、中耕机	钉齿耙
2	播种	开沟器、点播器	点播器
3	育苗	育苗盘、营养块	育苗盘
4	灌溉	洒水壶、喷灌设备、滴灌设备	喷灌设备
5	施肥	粪耙、施肥器	施肥器
6	收获	镰刀	镰刀
7	病虫害防治	昆虫信息素诱捕器	昆虫信息素诱捕器
8	劳动保护	草帽、劳保手套、围裙	草帽

根据实际劳动需要，选择合适的农具（劳动工具）。比如栽培过程中浇水环节选择灌溉工具——滴灌装置。

滴灌是按照农作物需水要求，通过管道系统与安装在毛管上的灌水器，将水和农作物需要的水分和养分一滴一滴、均匀而又缓慢地滴入农作物根区土壤中的灌溉方法。滴灌不破坏土壤结构，土壤内部水、肥、气、热四大因素可以保持适宜于农作物生长的良好环境，蒸发损失小，不产生地面径流，几乎没有深层渗漏，是一种省水的灌溉方式。

探究实践，展示交流

选择合适的劳动工具，填写在表9-3中。

表 9-3

栽培任务	选用工具
浇水	滴灌装置

预期成果

测量农场面积，制作农场地图，并在农场地图上进行标注，合理规划农场种植的农作物。

选择合适的农场劳动工具，助力农场劳动的有效开展。

评价反思与改进优化

在经过了"我是农场主"项目的研究后，相信同学们对农业种植有了新的认识。知道了农作物的不同生长周期，了解了不同农具的使用方法，在农场劳动中学到了劳动技能，获得了实践经验，体验到了劳动的辛苦和收获的喜悦。请你结合表9-4，对自己在参与项目过程中的表现进行评分及反思，以便日后改进。

表 9-4

评价内容	评价标准	分值	评分
学习态度与习惯	带齐学具（记录本）；按时出勤；遵守课堂纪律；进出农场走地垄；规范使用农具，注意安全；积极、愉快地参加劳动	5分	
劳动观念与能力	能熟练使用各种劳动工具进行劳作（如翻地、平地、播种、间苗、掰老叶、人工授粉等）	5分	
科学探究与实践	自觉、持续地进行种植以及实验探究过程的记录，并且图文并茂，有创意	5分	
成果展示与交流	将种植收获的蔬菜进行创意展示（如烹饪不同菜品），并展示分享自己的烹饪过程	5分	
总分			
优化改进措施			
我在本项目中学到了			
有一些地方做得不好，我的遗憾是			
如果重来一次，我想			